北京市海淀区教育科学"十四五"规划重点课题（HDGH20210082）研究成果

幼儿园游戏化数学活动案例精选

赵福葵 等 著

中国农业出版社

农村读物出版社

北　京

图书在版编目（CIP）数据

幼儿园游戏化数学活动案例精选 / 赵福葵等著 . —
北京：中国农业出版社，2024.8
ISBN 978-7-109-31821-2

Ⅰ.①幼… Ⅱ.①赵… Ⅲ.①数学课－学前教育－教
学参考资料 Ⅳ.①G613.4

中国国家版本馆 CIP 数据核字（2024）第 056860 号

幼儿园游戏化数学活动案例精选
YOUERYUAN YOUXIHUA SHUXUE HUODONG ANLI JINGXUAN

中国农业出版社出版

地址：北京市朝阳区麦子店街 18 号楼
邮编：100125
责任编辑：孙利平 张 志
版式设计：杨 婧 责任校对：吴丽婷 责任印制：王 宏
印刷：北京中兴印刷有限公司
版次：2024 年 8 月第 1 版
印次：2024 年 8 月北京第 1 次印刷
发行：新华书店北京发行所
开本：700mm×1000mm 1/16
印张：11
字数：210 千字
定价：58.00 元

本书各章作者名单

第一章　概述

作者：赵福葵　何桂香　陈凯鑫　张文瑄

第二章　游戏化数学活动

作者：赵福葵　何桂香　李　雁　唐　柳　刘雅楠

第三章　生活化数学活动

作者：赵福葵　何桂香　谷梦涵　陈凯鑫

第四章　自然化数学活动

作者：赵福葵　何桂香　何　丹　杨海霞

第五章　亲子类数学游戏

作者：赵福葵　何桂香　张冰钰　范丽娟

序

何 桂 香

幼儿园如何开展数学活动？这一问题一直受到幼儿园一线教师的广泛关注。北京市海淀区富力桃园幼儿园在全面贯彻《幼儿园教育指导纲要（试行）》《3～6岁儿童学习与发展指南》《幼儿园保育教育质量评估指南》要求与精神的基础上，以幼儿发展为本，经过多年一线教育、教学实践，在北京市海淀区重点课题"基于儿童视角的数学活动游戏化实践研究"的研究基础上，广泛搜集国内外相关文献，归纳、梳理基于儿童视角的数学活动游戏化已有的研究成果及论点，通过大量的幼儿一日生活数学游戏活动实践和教研，引导幼儿感受数学的有趣和有用，丰富教师开展数学教育活动的经验，提升教师活动设计与实施的能力。

教师从儿童的视角出发，倾听儿童的声音，捕捉儿童的兴趣，相信儿童的能力，满足儿童的愿望，重视对儿童数学思维能力和学习品质的培养，以贯穿幼儿生活的游戏化数学活动（包括集体教学活动、区域活动、户外活动）、生活化数学活动、自然化数学活动、亲子类数学游戏等为资源，探索出建构幼儿数学教育活动的路径和方法，让幼儿在探索中获得发展、喜欢并愿意参与数学活动、把积累的数学知识与经验应用于生活、解决生活中遇到的数学问题。这本书既是对幼儿数学学习多种形式的呈现，又是教师观察幼儿数学学习活动的重要反馈。同时，也真实地再现了教师和幼儿一起玩数学游戏所面临的问题与挑战，并针对这些问题与挑战提出了具体的教育建议和指导。

本书的主要特点体现在以下几个方面：

一、认知与情感有机整合

本书从儿童视角出发，发现并抓住了幼儿生活和游戏中的数学学习机会。在幼儿园、家庭和社区中创设有益于幼儿学习数学的环境，在幼儿已有经验的基础上引导幼儿自主探究、深度学习数学。同时，教育目标不局限于数学知识，更多地指向幼儿数学学习的动机、兴趣和热情，即从儿童认知的角度去思考，与儿童的情感相结合，创设对幼儿发展有意义的数学活动。

二、已有经验与主观能动性深度交互

本书从幼儿已有经验出发，让幼儿做自己喜欢的事情、玩自己喜欢的游戏，激发幼儿主动、积极、深度学习，大大提高了数学教育、教学活动的有效性，让幼儿充分感受数学学习的乐趣。

三、数学与生活密切联系

本书以教育实践活动为载体，将数学与生活密切联系，是生活中的数学。数学活动案例来源于生活，是现实生活中常见的数学问题，通过激发幼儿的问题意识、探究意识，提高幼儿的动手操作能力、解决问题能力、语言表达能力等数学关键能力，让幼儿利用已有的数学知识和经验解决生活中的数学问题，激发幼儿对数学的好奇心和探究欲。

四、数学与游戏相融合

本书通过创设游戏化、生活化、自然化的活动情境，将数学知识与有趣的游戏相融合，设计并实施了具象化的、趣味性的数学活动。

五、幼儿园教育与家庭教育双向奔赴

本书不仅涉及幼儿园有关数学领域的教育活动，而且涉及了幼儿数学亲子活动，旨在指导家长在家里和孩子一起玩数学游戏，激发幼儿探究数学的兴趣，让幼儿通过游戏获得数学知识与体验，积累数学关键经验。

　　本书将数学教育理论与实践相结合，不仅有相关的理论阐述，而且有丰富的数学教育实践案例。全书倡导"基于儿童视角"的数学活动研究，便于幼儿教师理解、学习和运用。书稿内容全部由北京市富力桃园幼儿园一线教师及业务骨干撰写。幼儿园的数学活动注重培养幼儿的学习品质，激发幼儿对数学的学习兴趣，体现数学与生活相融合，从儿童视角出发，采取集体活动、个别化活动、亲子活动等多种活动形式，体现了数学活动的游戏化、生活化、自然化，是教师们努力开展数学教育实践探索的有力证明。相信这本书，一定能成为广大一线教师开展数学教育活动的好帮手。

目录

序

第一章　概述 ………………………………………………………… 1

第一节　幼儿园数学活动 ……………………………………………… 1
一、幼儿园数学活动的概念 …………………………………………… 1
二、幼儿园数学活动的价值 …………………………………………… 1
三、幼儿园数学活动的特点 …………………………………………… 3
四、幼儿园数学活动的关键经验 ……………………………………… 4
五、幼儿园数学活动设计与实施的常见问题 ………………………… 13
六、幼儿园数学活动开展的方法与策略 ……………………………… 16

第二节　儿童视角下的幼儿园数学活动 ……………………………… 19
一、儿童视角下的数学活动 …………………………………………… 19
二、游戏化的数学活动 ………………………………………………… 21
三、生活化的数学活动 ………………………………………………… 24
四、自然化的数学活动 ………………………………………………… 27

第二章　游戏化数学活动 …………………………………………… 30

第一节　集体教学活动 ………………………………………………… 30
活动一　图形城堡（小班图形与空间） ……………………………… 30
活动二　蝴蝶避雨（小班数概念） …………………………………… 33
活动三　翻翻乐（中班数量比较） …………………………………… 38
活动四　毛毛虫小姐的鞋（中班集合与分类） ……………………… 43
活动五　花妖精的生日派对（大班模式） …………………………… 48
活动六　公主殿下来的那天（大班比较与测量） …………………… 54

第二节　区域活动 ……………………………………………………… 58
活动一　纸杯游戏（小班几何图形） ………………………………… 58

活动二　彩色小豆豆（小班模式与规律）　　·················· 62

活动三　开锁找家（中班数概念）　　················· 65

活动四　美味串串烧（中班集合与分类）　　············· 70

活动五　小棍游戏（大班数运算）　　················· 73

活动六　有趣的天平（大班比较与测量）　　·············· 76

活动七　香皂坊里的秘密（大班数概念与运算）　　········· 79

第三节　户外活动　　···························· 83

活动一　能干的小白兔（小班几何图形）　　············· 83

活动二　搭小桥（小班数概念）　　·················· 85

活动三　捉迷藏（中班空间方位）　　················ 88

活动四　圈圈乐（中班集合与分类）　　··············· 91

活动五　百变跳房子（大班模式）　　················ 94

活动六　比一比（大班测量）　　··················· 97

第三章　生活化数学活动　　······················· 100

活动一　小火车来啦（小班集合与分类）　　············· 100

活动二　美味小点心（小班数概念）　　··············· 103

活动三　能干的小手（中班空间方位）　　·············· 105

活动四　收玩具（中班几何图形）　　················ 108

活动五　排排队（大班比较）　　··················· 111

活动六　吹蜡烛（大班数运算）　　·················· 114

第四章　自然化数学活动　　······················· 117

活动一　好玩的树叶（小班集合与分类）　　············· 117

活动二　树叶也排队（小班比较）　　················ 120

活动三　传石头（中班数概念）　　·················· 123

活动四　传松塔（中班模式）　　··················· 126

活动五　沙地寻宝（中班空间方位）　　··············· 131

活动六　百变树枝（大班几何图形）　　··············· 135

活动七　果实多有趣（大班比较与测量）　　············· 139

活动八　花儿朵朵（大班数运算）　　················ 142

第五章　亲子类数学游戏　　······················· 146

活动一　神秘小口袋（小班模式）　　················ 146

活动二　营救小动物（小班空间方位） ············· 148

活动三　抓羊游戏（中班数概念） ············· 150

活动四　水果乐园（中班集合与分类） ············· 152

活动五　踩影子游戏（大班空间方位） ············· 154

活动六　百变扑克牌（大班数概念与运算） ············· 156

活动七　找宝藏游戏（大班空间方位） ············· 162

第一章 概 述

第一节 幼儿园数学活动

一、幼儿园数学活动的概念

幼儿园数学活动是幼儿园活动的重要组成部分。黄瑾老师将幼儿园数学活动定义为教师与幼儿之间的教与学活动，由教师有目的地组织、设计和安排，在一定情境中，引发幼儿接触以数学信息为主的材料和环境，让幼儿在教师的引导下通过自身活动获得初步数概念的一类教育活动。我们在实践中发现，幼儿的数学学习不仅是在教师有组织、有计划的活动中发生的，在日常的生活活动、过渡环节及不以数学学习为主要目标的户外游戏中也存在着渗透式的数学学习。因此，本书将幼儿园数学活动定义为：幼儿园数学活动是教师引导、支持幼儿通过亲身体验、动手操作、主动探究，获得关于周围世界数量关系和空间形式理解与认识的全部活动。

二、幼儿园数学活动的价值

（一）有助于儿童用科学的眼光认识周围的世界

培根说："数学是科学的大门和钥匙。"儿童在运用数学的知识与经验解决实际生活问题的过程中可以获得丰富的、关于周围世界的感性经验，充分发展形象思维。比如，幼儿在玩玩具的时候，可以借助数学知识与经验认识玩具的大小和形状；幼儿在认识小动物的时候，可以借助数学知识知道小动物有几只眼睛、几只耳朵、几条腿；幼儿在外面游玩时，可以借助数学知识知道自己所处的空间方位、游玩的时间及先后顺序等。当幼儿形成这些初步的数学概念后，他们在和周围环境互动时不仅能获得表象的感性经验，还能用科学的眼光认识周围的世界，开启科学世界的大门。可见，在幼儿园开展数学活动不仅是幼儿生活的需要，而且是幼儿科学地认识世界的需要。

（二）有助于儿童思维能力的提升

3～6岁的幼儿以具体形象思维为主，逐步发展抽象逻辑思维。3～6岁也是幼儿思维发展的关键时期。数学学科本身的逻辑性和抽象性决定了幼儿园数学活动对儿童思维能力的提升具有促进作用。

首先，幼儿园数学活动可以调动儿童思维的积极性和主动性。幼儿园数学活动通过创设生活化、游戏化的活动情境吸引幼儿的兴趣，借助具体、丰富、形象的物质材料给幼儿提供思维的抓手，以生动、有趣的活动形式引导幼儿不断深入探究，在发现问题、解决问题的过程中让幼儿获得成就感，养成积极思维与主动思维的模式与习惯。

其次，幼儿园数学活动可以促进幼儿具体形象思维和抽象逻辑思维能力的发展。抽象逻辑思维的发展依赖于具体形象思维。幼儿园的数学活动是从培养具体形象思维开始的。比如，对于抽象数字5的理解，教师会引导幼儿从认识5只小鸟、5块糖果、5辆小汽车开始，逐步从感性材料的认识提升到理性认识，真正理解数字5的意义。幼儿通过直接感知、亲身体验和实际操作的数学活动，能尝试初步的归类、比较、排序、判断、推理等不同的思维方式，逐步发展逻辑思维能力。

（三）有助于儿童发现美、感受美、表达美、创造美

数学不仅是一门逻辑性很强的学科，也是一门艺术。数学中蕴含了大量美的元素，如将三角形、正方形、圆形等不同形状翻转、拼摆，可以组合出各种美的图案，让人感受图形之美；中国传统的纹样和欧洲经典花纹很多都是轴对称或中心对称的图形，体现了数学的对称之美；从大到小、从高到矮、红黄红黄红黄等不同模式的规律排列，也会给人带来一种数学的规律之美；3辆小汽车、5个玩偶、7块积木、10本书……当数量、种类较多的事物摆在我们面前时，可以用分类的方法进行整理，再计算数量，用数字做好标记，可以让我们感受到数学的简洁之美。

可见，数学的魅力不仅是理性的逻辑思维体现，也是感性的审美体验。在幼儿园开展数学活动不仅可以培养幼儿的数学素养和思维能力，还可以帮助幼儿发现图形之美、结构之美、规律之美和简洁之美，引导幼儿发现美、感受美、表达美、创造美。

（四）有助于儿童形成良好的社会品格

《3～6岁儿童学习与发展指南》（以下简称《指南》）要求我们要关注儿童学习与发展的整体性，以及儿童在活动中表现出的积极态度和良好行为倾向。在以真实的生活事件为情境的数学活动中可以渗透有关家乡、环保、节日等重要社会生活的内容，让幼儿在提升数学素养的同时，也能关注到人与自然、人与社会的关系，增强幼儿的社会责任感和环保意识。幼儿在不断发现问

题、解决问题的过程中，始终坚持不懈，通过尝试、操作、探究获得解决问题的方法和经验，培养了积极主动、认真专注、不怕困难、敢于探究和尝试的良好品质。

不仅如此，幼儿园数学活动的很多游戏情境来源于幼儿喜欢的绘本故事，这些绘本故事蕴含着很多做人、做事的道理，如大班数学活动"凯琪的包裹"中，幼儿受到故事主人公凯琪的启发，在班里创设了"桃园驿站"，利用数量统计和空间方位的数学核心能力为全园的教师们、小朋友们运送物品。这一数学学习的过程也是幼儿爱心、责任心及为他人服务意识萌发的过程。可见，幼儿园数学活动具有品格培养的育人价值。

三、幼儿园数学活动的特点

幼儿数学活动兼具数学教育和幼儿教育的双重特性，具有游戏化、生活化和自然化的特点。

（一）游戏化

玩是幼儿的天性。教师要发现、保护和引导幼儿固有的天性。幼儿园应当以游戏为基本活动。刘焱教授认为幼儿园以游戏为基本活动，就是把游戏作为幼儿园教育的基本途径或手段，目的在于让幼儿生动、活泼、主动地学习。数学活动是幼儿园活动的重要内容之一，具有游戏化的典型特点。游戏化不是说幼儿园的所有数学活动都是游戏，而是要在数学活动中融入游戏的理念和精神，在游戏的氛围中完成数学活动的教育内容，实现数学活动的教育目标，让活动更有趣味性、更符合幼儿的学习特点和发展需要。维果斯基认为，在游戏中，儿童创造了一个想象的空间。以数学活动"花妖精的生日派对"为例，教师和幼儿就创设了一个关于花妖精的想象空间。教师扮演花妖精世界里的精灵，幼儿扮演参加生日派对的蝴蝶。教师引导幼儿识别花妖精小花园里事物的规律。幼儿要按照自己创编的走路方式通过有规律的鲜花路，如：单双脚跳交替前进、走跳走跳交替前进、开合跳交替前进等，幼儿在游戏中识别模式规律、创造模式规律，在体验游戏快乐的同时，也达成了数学模式与规律的学习目标。

（二）生活化

杜威认为教育的关键在于生活和经验，"教育即生活"。可见，日常生活是幼儿获得经验的主要来源。《指南》中明确指出幼儿园数学活动的目标之一是"初步感知生活中数学的有用和有趣"。这就要求幼儿园数学活动要具有生活化的特点。教师在组织数学活动时，要牢牢把握数学和生活的关系，把数学活动的内容置于真实的生活情境中，让幼儿感知生活中很多地方都可以用到数学，引导幼儿利用数学知识和能力解决生活中的问题，学会关注生活中和数学相关的信息，体会到数学的有用和有趣。

幼儿园数学活动生活化的特点体现在数学活动开展的各个方面，如活动情境的生活化、活动材料的生活化、活动内容的生活化、教学方式的生活化，等等。以生活化数学活动"天气预报"为例，大班的值日生每天都会向全班幼儿播报当天的天气情况。教师利用这个教育契机，为幼儿提供温度计和气温统计表，鼓励幼儿根据天气、气温的实际情况进行记录、统计，通过记录表直观地了解一年四季不同月份气温的变化，幼儿在这种生活化的情境中感受到数字的有用，学会分类、统计的基本方法。

（三）自然化

数学是极具逻辑性的学科。幼儿园的数学活动既要遵循数学教育内容的内在逻辑性，又要遵循幼儿数学学习与发展的逻辑性，体现自然化的典型特点。

幼儿园数学活动内容有其内在的逻辑性。《指南》为每个年龄段的幼儿制订了数学学习与发展的目标。以数数为例，数数时，一个集合中的物体必须且只能点数一次，点数物体的数词是有顺序且始终如一的。3～4岁幼儿需要学习点数10以内物体的数量，4～5岁幼儿需要学习点数20以内物体的数量，5～6岁幼儿学习按群计数，如2个2个数或5个5个数的方式，并正确计数20以内的物体。幼儿数学活动的其他内容也有其各自的逻辑性，开展幼儿数学教育活动时需要遵循教育内容的内在逻辑性。

幼儿数学学习与发展的逻辑性取决于幼儿逻辑思维发展的特点。皮亚杰认为，抽象的思维起源于动作。幼儿的逻辑思维发展一般是从动作开始的，通过表象的作用内化之后，再借助符号和语言从具象提升到抽象，最后在练习和应用活动中得以巩固。以数概念和运算为例，最初学习数数的时候，幼儿需要借助手指点数的动作才能正确地计数，直到对数数的方法比较熟悉后，才能在心中默数；在理解数量关系时，幼儿需要通过观察实物或图片之间的关系，才能理解多一个或少一个，通过表象的变化来理解加减之间的关系；然后，幼儿需要利用"＋""－"符号作为中介，才能在表象的变化和抽象的逻辑思维之间搭建桥梁，真正理解数量关系的本质；最后，幼儿需要在实际生活或问题情境中不断地应用抽象逻辑，才能将其巩固。因此，幼儿园的数学活动要遵循幼儿数学学习与发展的一般逻辑和规律。

四、幼儿园数学活动的关键经验

幼儿园数学活动的关键经验关系着活动目标和内容的确立，是活动设计与实施的主要依据。我们结合《纲要》和《指南》中对数学活动的教育要求，沿用陈杰琦、黄瑾主编的《i思考　数学核心经验游戏包·第1～6辑　教师用书》（南京师范大学出版社，2012.7）中有关3～6岁幼儿数学关键经验的理论，将幼儿园数学活动的核心经验分为四大模块：集合与模式、数概念与运算、图形与空间、比较与测量，各年龄段幼儿数学活动的关键经验各不相同。

（一）集合与模式

"集合与模式"模块中包含2个部分的数学关键经验：集合与分类、模式与规律（表1-1-1）。

表1-1-1　"集合与模式"模块的关键经验

项目	概　念	示　例	小　班	中　班	大　班
集合与分类	属性：可以根据物体的属性对物体进行匹配、分类，组成不同的集合	属性：物体的颜色、大小、形状、种类等都可以作为物体的属性来匹配和分类	1. 根据物体的某一种外部属性特征进行匹配 2. 按照物体的某一种外部属性特征（如颜色、大小、形状、种类等）给物体分类 3. 对数量差异明显的两个集合进行多少的比较	1. 按功用给生活中常见物体分类，如给交通工具和通讯工具分类 2. 从不同角度给同样一组物体分类 3. 尝试说出给物体分类的理由 4. 对数量为10以内的两个集合进行多少的比较 5. 理解生活中简单的函数关系，如同样大小的饼干盒，盒里装的饼干体积越大，饼干的数量就越少	1. 按照给定的标准（概念水平）给熟悉的物体分类，如给蔬菜和水果分类 2. 按照物体两种及两种以上的属性特征给物体分类 3. 按照物体某一特征进行肯定与否定的分类 4. 在分类的基础上，用统计的方法解决常见的生活问题
	分类的多样性：同样一组物体可以按照不同的方式进行分类	分类的多样性：如汽车可以按大小分类（如大、中、小），也可以按种类分类（如警车、消防车、公交车等）			
	集合比较：两个或两个以上的集合之间可以进行比较和排序	集合比较：消防车比警车多；集合排序：公交车较少，警车较多，消防车最多			
	函数：函数是两个集合按照一定的规则联系起来的一种特殊关系	函数：购买玩具汽车的钱数与数量之间是一种函数关系，如1辆玩具汽车5元；2辆玩具汽车10元；3辆玩具汽车15元……			

（续）

项目	概　念	示　例	小　班	中　班	大　班
模式与规律	模式：模式是按照一定的规则排成的序列，如重复或递增模式	模式：白天晚上白天晚上白天晚上是重复模式；一个数字加1就得到了后面的一个数字，就是递增模式			
	模式的多样性：同一种模式可以用不同的形式来表现，在不同的形式中可以发现相同的模式	模式的多样性：红黄红黄红黄（物体的颜色）；大小大小大小（物体的大小）；三角形圆形三角形圆形三角形圆形（物体的形状）	1. 识别物体的排列模式，如ABABAB模式、AABBAABB模式 2. 对简单模式（如ABABAB模式）进行填空、复制与扩展	1. 识别相对复杂的排列模式，如：ABCABC模式、AABAAB模式、ABBABB模式 2. 对相对复杂的模式进行复制、扩展与创造 3. 发现并说出环境中事物排列的简单规律，如衣服上的条纹是按红绿红绿的规律排列的	1. 认识构成模式的单元，如：出示一排ABBABB模式的物品，能指出该模式的核心单元是ABB 2. 运用不同的方式和材料（如图画、实物或动作等）来表现和创造出有规律的模式排列
	模式能力的发展：模式能力包括识别、复制、扩展、创造及转换	识别模式：识别出ABABAB的模式 复制模式：识别出红黄红黄红黄的模式后，复制出具有相同结构的模式，如红蓝红蓝红蓝的模式 扩展模式：识别出模式后，预测模式的发展或变化，如识别出红黄红黄红黄的模式后，预测红色后面的颜色是黄色 创造模式：自己创造一种模式 转换模式：在分析模式结构异同的基础上，把握决定模式结构的本质要素，用不同的形式表征同一模式，如分析红黄红黄红黄模式的核心单元是AB，可以用大小大小大小的形式来表征这一模式			

（二）数概念与运算

"数概念与运算"模块中包含 3 个部分的数学关键经验：数数、数字的用途、数运算（表 1-1-2）。

表 1-1-2 "数概念与运算"模块的关键经验

项目	概念	示例	小班	中班	大班
数数	数数的基本原则（计数的四点基本原则适用于任何可数实体的集合） 1. 一一对应原则：一个集合中的物体必须且只能点数一次 2. 固定顺序原则：点数物体的数词是有顺序且始终如一 3. 顺序无关原则：集合总数与点数这个集合中物体的顺序无关 4. 基数原则：最后一个数词代表集合的总数	数数的基本原则 1. 一一对应原则：明明给每只小狗 2 块骨头，给每只小猫 3 条鱼 2. 固定顺序原则：1、5、3 是不正确的数法。1、2、4、7、8 也是不正确的数法。1、2、3、4、5、6、7、8、9、10 是正确的数法 3. 顺序无关原则：所数的第 5 个物体并不是唯一一个可以作为顺序 5 的物体 4. 基数原则：能数数和能回答"有多少"是不一样的。东东在数玩具："1、2、3、4、5。"老师问："一共有几个玩具?""1、2、3、4、5。"东东又从头数起	1. 进行 20 以内唱数 2. 通过点数说出 10 以内物体的数量 3. 采用目测的方式直接说出 3 以内物体的数量 4. 根据所出示物体的数量（5 以内），从另一组物体中拿出相同数量的物体	1. 进行 50 以内唱数 2. 进行 10 以内倒着数、接着往下数 3. 通过点数说出 20 以内物体的数量	1. 进行 100 以内唱数（1 个 1 个地往下数和 10 个 10 个地唱数到 100） 2. 不受物体摆放形式的影响，通过点数说出 20 以内物体的数量 3. 按群计数，如 2 个 2 个数或 5 个 5 个数的方式正确计数 20 以内的物体
	数数的形式：计数的形式有唱数、点数、目测数、按群数数 1. 唱数：凭着记忆背诵自然数的名称和顺序，未必真正懂得数量的意义，包括顺着数、倒着数、跳着数 2. 点数：能用手逐一点指物体，同时有顺序地逐个说出数词，使说出的每一个数词与手点指的每一个物体一一对应，最后说出总数	1. 唱数：明明边走边说："1、2、3、4、5。""5、4、3、2、1。""10、20、30、40、50。" 2. 点数：明明每从盒子里拿出一块饼干，就说出一个数："1、2、3、4、5、6，这里一共有 6 块饼干。"			

（续）

项目	概　念	示　例	小　班	中　班	大　班
数数	3. 目测数：不通过点数，而是采用目测的方式直接估算并说出物体的数量 4. 按群数数：不用一一点数的方式，而是以数群为单位数数，如2个2个或5个5个计数	3. 目测数：明明看着桌子上的气球，随口说"这有3个气球" 4. 按群数数：明明把气球2个2个地放在一起，并且说"2、4、6、8……"			
数字的用途	基数：表示数量	基数：东东有5辆小汽车。小明今天4岁了	1. 认识10以内的数字 2. 运用图画或符号表示10以内物体的数量 3. 指出一排物体中（5以内）任意一个物体是第几个	1. 理解15以内基数的含义，会按物取数和按数取物 2. 运用图画或其他符号表示15以内的数量 3. 指出一排物体（15以内）中任意一个物体是第几个 4. 理解日常生活中常见的数字符号所表达的意义，如电话号码、门牌号码、星期几	1. 用书面数字符号正确表示10以内的数量 2. 认识20以内的单数、双数和相邻数 3. 理解日常生活中数字符号所表达的不同意义，如年、月、日，钟表上的时间，温度计上的温度，钱币上的金额等
	序数：确定物体在序列中的位置或排列顺序	序数：东东排第1，小明排第2，我排第3			
	命名数：给一个集合里的元素命名	命名数：钱币、温度计和门牌号里的数字			
	参照数：用来作为共同衡量的标准	参照数：我们上午10点做操			

（续）

项目	概　念	示　例	小　班	中　班	大　班
数运算	分解与组合：一定数量的物体可以分成几个部分，这几个部分又可以合成一个整体	分解与组合：5可以分成1和4或2和3；1和4或2和3可以合成5	/	1. 进行5以内数的分解与组合 2. 借助实物或情境理解10以内集合的数量变化	1. 进行10以内数的分解与组合 2. 用算式来表示生活中遇到的数量变化和加减问题。如用3＋4＝7来表示3个苹果和4个苹果放在一起是7个苹果这件事 3. 等分一定数量的物体，如二等分和四等分
	数量变化：给一个集合添加物体能使集合变大，而拿走一些物体则使集合变小	数量变化：我原来有2颗糖，爸爸又给了我3颗，我现在有5颗糖；我原来有3个苹果，吃掉了1个，我现在有2个苹果			
	均分：一定数量的物体（整体）可以被分成几个相等数量的物体（部分）	均分：这里有6颗糖果，分给你们2个人，每个人可以分到3颗糖			

（三）图形与空间

"图形与空间"模块中包含3个部分的数学关键经验：位置与方向、图形、视觉图像与空间推理（表1-1-3）。

表1-1-3　"图形与空间"模块的关键经验

项目	概　念	示　例	小　班	中　班	大　班
位置与方向	数学与方位：数学可以帮助我们准确、详细地表明方向、路线和位置等	数学与方位：我的前面是东东，我的后面是明明。二层楼的第三个教室是中三班。地图是表现三维世界的一种方式	1. 正确区分上下、前后、里外的方位 2. 按含有方位词（上下、前后、里外）的指令行动	1. 区分远近、中间、旁边的方位 2. 按远近、中间、旁边的指令行动 3. 用简单的方位语言描述位置，如皮球在桌子上；我站在队伍的最前面	1. 以自身为中心区分左右的方位 2. 学习用方位语言描述简单的路径。如向前走到十字路口，往右拐，进入小区大门，再往前走，就到商店了
	方位语言：描述位置和方向的语言，常常是相对的，如近和远、上面和下面、左和右、前和后	方位语言：东东在小明的前面，在毛毛的后面			

（续）

项目	概　念	示　例	小　班	中　班	大　班
图形	图形与周围世界：我们可以利用二维和三维的空间图形来表征和理解周围世界	图形与周围世界：房子是一个正方体，可以用正方形来表示。我们可以用三角形和圆形组合起来表示生日帽	1. 认识并能区分圆形、正方形和三角形　2. 在提供一种几何形状轮廓图的情况下，用至少3块几何图形拼板拼出这个简单的轮廓图　3. 用不同的图形组合一个新的图形	1. 认识并能区分长方形、椭圆形、半圆形、梯形　2. 借助几何形状组合范例图，用几个几何图形拼板拼出这个组合图形　3. 在提供一种几何形状轮廓图的情况下，用至少5块几何图形拼板拼出这个简单的轮廓图　4. 能辨认简单的图形（如长方形、三角形、梯形等），知道其改变方向后还是同一种图形	1. 认识并能区分球体、正方体、长方体和圆柱体　2. 认识并找出平面图形和立体图形之间的关系，如圆形和圆柱体　3. 用小几何图形（正方形、长方形、三角形等）拼出一个大几何图形　4. 把一个图形等分，如二等分和四等分
	图形特征：对图形特征的分析和比较可以帮助我们对图形进行定义和分类	图形特征：三角形是由三条边和三个角构成的图形			
	图形分解与组合：不同的图形可以组成一个新的图形（组成），或分割成其他图形（分解）	图形分解与组合：一个正方形可以分成两个长方形；两个同样大小的正方形可以组成一个长方形			
	图形变换：图形变换包括移动、翻转、旋转等	图形变换：图形可以平行移动，可以翻转，也可以旋转不同的角度			
视觉图像与空间	视觉图像：大脑中的视觉图像可以用来表述和操作图形、方向和位置等	视觉图像：能将打乱的卡片拼成完整的图案	1. 用4～6块拼图拼出一幅完整的图案　2. 沿着水平或垂直的方向搭建积木	1. 用6～9块拼图拼出一幅完整的图案　2. 尝试拼摆简单的镜像式对称图形　3. 沿着水平和垂直的方向搭建积木	1. 尝试拼摆简单的辐射式对称图形　2. 有目的地将2～3块积木组合成一个更复杂的实物模型，如用搭建好的凉亭、马路、房子组合成一个小区
	视角与图形：从不同的角度看物体，它的形状可能是不同的，物体的真实图形要靠空间推理来解决	视角与图形：杯子从侧面看像一个长方形，从上往下看像一个圆形			

（续）

项目	概　　念	示　　例	小　班	中　班	大　班
视觉图像与空间	对称：对称是生活中许多图形的一个基本特征，如镜像对称、辐射式对称	对称：很多风筝是镜像对称。五角星是辐射式对称			3. 知道从自己的角度看到的事物与他人的角度看到的同一事物外形轮廓可能不一样，如能分辨从不同于自己的角度拍摄的同一物体照片 4. 能在简单示意图中指出特定事物所对应的符号，如在房间示意图中找到房间中某一实物所对应的位置

（四）比较与测量

"比较与测量"模块中包含3个部分的数学关键经验：比较、测量、估算（表1-1-4）。

表1-1-4　"比较与测量"模块的关键经验

项目	概　　念	示　　例	小　班	中　班	大　班
比较	直接比较和间接比较：物体之间可以直接比较，而当无法进行直接比较时，可以采取间接比较的方法。间接比较需要使用测量工具	直接比较：两根木棍放在一起，比比哪根木棍长；用托盘天平称两份水果，比较哪个重 间接比较：如果要比较两个房间哪个面积大，可以用尺子量一量房间的长和宽	1. 用直接比较的方法判断两个物体的大小、长短、高矮 2. 在比较的基础上，给3～4个物体按照量的差异特征（如大小、长短、高矮）排序	1. 会用直接比较的方法判断物体的粗细、轻重、厚薄、宽窄等 2. 在比较的基础上，给5～6个物体按照量的差异特征（如粗细、轻重、厚薄、宽窄）排序	1. 在比较的基础上，给7～8个物体按照量的差异特征（如高矮、宽窄、粗细等）排序 2. 在比较的过程中体验量的相对性，如记号笔比铅笔粗，比胶棒细 3. 在比较的过程中，体验量的守恒，如一块圆球状的橡皮泥搓成长条后，重量不变
	确立属性特征：确立所要比较物体的属性特征是进行比较的重要前提	确立属性特征：在比较杯子之前，要先确定比较的属性，是比较高度还是比较重量			

（续）

项目	概　念	示　例	小　班	中　班	大　班
比较	属性特征排序：在比较物体属性的基础上，可以按照其量的差异特征进行排序	属性特征排序：比较 6 根铅笔的长短，并且按照从长到短的顺序给它们排成一个序列			
	量的守恒：量在比较过程中不受外在形式的干扰	量的守恒：明明把两盒一样多的糖果分别倒入一个高高窄窄的盒子和一个矮矮宽宽的盒子里，两个盒子里的糖果还是一样多			
测量	测量属性特征：可以对同一物体的不同属性特征进行测量	测量属性特征：一本书有许多可以测量的属性，如厚度、长度、宽度等	/	/	1. 选择生活中的物体作为测量工具，进行简单的测量，如将绳子、扭扭棒等作为量具，测量桌子的长度 2. 会用间接比较的方法测量物体的容积或面积 3. 了解生活中常见的测量工具及其用途，如尺子可以测量长度；温度计可以测量温度 4. 测量活动中，学习、体验并理解测量单位的大小和测量结果数量之间的反向关系
	测量的原则：测量必须是"均等的"。例如，计量单位的大小必须相等，且被测物体必须是不间断的或没有重叠部分的，测量必须从物体的顶端开始	测量的原则：将一把直尺的零度刻度线与一支彩色笔的一端对齐，再看另一端的顶点对应直尺的哪条刻度线，就可以测量出彩色笔的长度			
	测量工具的选择：选择正确的测量工具，需要确定所要测量物体的属性，根据估算选择正确的计量单位，且测量范围大于被测物体物理特征的上限	测量工具的选择：测量书本的长度可以用以厘米为单位的尺子，测量操场的周长可以使用以米为单位的卷尺，测量糖果的重量可以使用以克或千克为单位的秤，测量杯子的容积可以使用以毫升为单位的量杯			

（续）

项目	概　念	示　例	小　班	中　班	大　班
测量	测量单位的关系：测量单位的大小与测量出的单位数量之间是一种反向的关系，如测量单位越小，测量物体中包含的单位数量就越多	测量单位的关系：一盒糖果的重量是0.5千克或500克；我们有1个小时或60分钟的运动时间	/	/	
估算	测量和估算：所有的测量结果都是近似值，我们永远不可能得到完全"正确的"结果	测量和估算：测量只可能更准确，不可能完全正确。例如，铯钟是当今世界上最精确的钟，但它也有误差，误差为每3千万年1秒钟	/	/	在有参照物的条件下，可以用熟悉物体的数量或属性进行估测。如以一杯水为参照，估计瓶里有几杯水
	估算参照标准：为了能够估算得更准确，人们需要熟悉测量工具的计量单位或使用一种通用的参照标准	估算参照标准：今天风真大，大约有4级风；这个房间真小，应该只有15平方米			

五、幼儿园数学活动设计与实施的常见问题

（一）数学活动内容选择缺乏系统性

数学学科本身具有逻辑性，数学活动的关键经验之间有着紧密的联系。但是，教师在选择数学内容时往往比较随意，常常会出现这种情况：教师觉得哪些内容比较重要，就选择哪些内容；哪个内容好准备活动材料，就选择哪个内容；为了上好观摩课，找一节比较"出彩"的活动；依据主题内容的需要选择数学活动的内容，导致活动内容零散、无序。而幼儿对数学关键经验的理解具有明确的学习路径。教师在选择活动内容时，必须遵照幼儿自身的数学学习路径，根据《指南》中对幼儿数学发展的具体要求和指标，结合幼儿数学活动发展的关键经验，把握数学活动内容的系统性。

例如，教师在进行模式与规律的教学时，选择活动内容只是考虑到模式规

律的复杂程度，从 ABABAB 两个为一组不断重复的模式规律到 ABBABB ABB、ABCABCABC 三个为一组不断重复的模式规律，而未充分考虑幼儿对模式规律的理解是如何逐步发展起来的。教师应基于幼儿数学学习路径的系统性，充分考虑幼儿如何从具体的实物中识别出模式，再复制出具有相同结构的模式，预测模式的发展或变化，最后能够把握决定模式结构的本质要素，用不同的形式表征同一模式。因此，教师在设计和组织数学活动时可以参考本书第一章第一节"四、幼儿园数学活动的关键经验"的内容，根据关键经验选择适宜的活动内容。

（二）数学活动目标可能发生偏离

数学活动的目标明确了数学活动内容的方向，引导了整个数学活动的设计。要想保证数学活动的有效性，就要从目标入手，确保目标确立的合理性和准确性。在实际教学中，部分数学活动目标发生偏离，没有依据幼儿发展的已有经验和幼儿数学学习的特点与规律，目标设定不准确。

例如，在中班数学活动"衣服分一分"中，有的教师制订的活动目标是："（1）能够按照衣服的特征进行分类；（2）在分类游戏中提高分析和判断能力；（3）积极地和同伴交流，体验数学游戏的乐趣。"从整体的活动内容可以看出，教师是想通过给衣服分类的游戏让幼儿体验同样的物体可以有不同的分类方法，其中最关键的经验应该是"分类的多样性"，但是制订的活动目标并没有紧紧围绕这一关键经验，目标 1 "能够按照衣服的特征进行分类"，表面上是紧紧围绕了"分类"这一活动内容，但是仔细分析后发现并没有涉及分类的多种方法。目标 2 和目标 3 也是远离了活动的核心目标。

数学活动的目标要涵盖幼儿发展的认知、能力和情感态度三个方面，针对数学活动"衣服分一分"，我们可以这样调整："（1）能够从不同的角度给衣服分类；（2）尝试说出分类的理由；（3）体验给衣服分类游戏的快乐。"三条活动目标只有紧紧围绕"分类多样性"的关键经验，才能保证数学活动目标有效性的达成。因此，教师可以参考本书第一章第一节"四、幼儿园数学活动的关键经验"的内容，根据幼儿已有经验和数学学习特点与规律，科学地制订合理且适宜幼儿发展的活动目标。

（三）数学活动组织过程缺乏游戏性

幼儿园数学活动具有游戏化、生活化、自然化的特点。这就要求教师在开展数学活动时要从幼儿的实际需要出发，设计有趣的游戏环节，寓数学教育于游戏中。但是，目前大多数幼儿园数学活动存在为了教而教，活动过程缺乏游戏性的问题，这样会降低幼儿参与数学活动的兴趣，对数学学习产生恐惧

心理，

以小班数学活动"蝴蝶避雨"为例，活动的核心目标是点数 6 以内物体的数量。教师创设了蝴蝶避雨的情境，为每个幼儿准备了一份操作材料（6 只蝴蝶和一朵小花）。当下雨声响起时，教师提出要求"请 4 只蝴蝶到花朵下面避雨""请 5 只蝴蝶到花朵下面避雨"。这个活动虽然以《三只蝴蝶》的故事为背景设计了躲雨的游戏，但幼儿只是在不断地按照教师的指令操作，是为了操作而操作，活动中获得的游戏体验并不多。

幼儿园数学活动组织过程要真正体现真游戏的精神，要让幼儿获得自由、自主、创造、愉悦的游戏体验。针对"蝴蝶避雨"这一活动，教师可以调整活动的组织环节：让幼儿扮演不同颜色的小蝴蝶，教师扮演蝴蝶妈妈，到花园里玩耍。突然，下雨了！红蝴蝶到红色的花朵下避雨，黄蝴蝶到黄色的花朵下避雨，蓝蝴蝶到蓝色的花朵下避雨。雨停后，请幼儿数一数每朵小花下面有几只避雨的蝴蝶。幼儿在游戏中能自然而然地运用到点数，实现活动的核心目标。因此，教师需要作为幼儿的游戏伙伴，利用游戏角色不断推动游戏情节的发展，制造冲突，让幼儿保持游戏的兴趣。本书在第二章呈现了这一活动案例，在"活动反思"中为教师在游戏中的角色扮演提出了建议和参考。

（四）教师指导语激发幼儿思维能力的不足

教师在活动中使用的数学语言对幼儿数学学习和发展具有重要的影响。教师使用的数学语言是否科学、准确，是否和幼儿的发展水平相符合，是否和活动的关键经验相契合，这些都会影响幼儿在活动中能否积极建构数学逻辑思维。目前，教师在组织数学活动时，经常会出现说出的语言无法让幼儿理解、无法激发幼儿思考、无法调动幼儿兴趣等问题。

在数学语言的运用上，新手教师和熟手教师之间的差异性较大。以大班数学活动"巧变图形"为例，核心目标是在拼搭游戏中探索和发现图形中的公共边并了解其作用（表1-1-5）。

表1-1-5 "巧变图形"活动中新手教师与熟手教师的区别

环节一：尝试用最少的筷子拼出两个三角形	
新手教师：怎样用最少的筷子拼出 2 个三角形	熟手教师：1 个三角形用了 3 根筷子，那 2 个三角形用几根筷子呢？你能用更少的筷子，拼出 2 个三角形吗
环节二：感受并运用公共边	
新手教师：你们看，这 2 个正方形中，哪根筷子是公用的	熟手教师：拼 2 个正方形用了几根筷子？那条巧妙的公共边在哪里呢

环节一是用最少的筷子拼出两个三角形。新手教师的数学语言直指活动内容。幼儿在没有前期经验铺垫时，听到这个问题，可能会有畏难情绪，无法回答教师的提问。熟手教师的语言则是对问题进行分解，先调动幼儿已有经验，拼出 2 个三角形，再激发幼儿思考怎样用更少的筷子拼出 2 个三角形。

环节二是感受并运用公共边。新手教师的语言只是让幼儿找到公共的筷子，没有给幼儿"公共边"这一规范的数学语言引导。熟手教师先通过提问"拼 2 个正方形用了几根筷子"，帮助幼儿回忆使用筷子的数量，再引导幼儿发现利用公共边可以减少筷子的数量，又通过追问"那条巧妙的公共边在哪里"引导幼儿用准确的数学语言描述公共边的妙用。

可见，规范的、准确的数学语言可以逐步引导幼儿思考和表达，促进幼儿思维能力的发展。

六、幼儿园数学活动开展的方法与策略

针对幼儿园数学活动设计与实施中容易出现的常见问题，我们可以从活动设计、活动实施及活动评价等不同环节找到相应的方法和策略。

（一）创设多元的数学学习环境

幼儿园数学活动的学习环境是多元的，在轻松、愉悦、有趣的氛围下，幼儿才能全身心地投入数学活动，积极地动脑思考、主动参与。

第一，教师要引导幼儿在自然的生活环境中发现数学。数学和生活是分不开的，我们的生活环境中到处都有数学。教师要引导幼儿学会观察周围的生活环境，发现生活中的数学。如六一儿童节时，幼儿园组织幼儿看电影，给每个幼儿发放座位号码牌。教师可以引导幼儿发现号码牌中的序数，学会看第几排第几个座位，发现座位之间前后左右的空间关系。如每天早上的点名环节，教师点名后，可以引导幼儿数一数来了几个小朋友，有几个小朋友没来，班级里一共有多少个小朋友，理解整体和部分的关系。自然化、生活化的数学学习环境可以让幼儿感受到数学就在我们身边，是可以看得见、摸得着的现象，从而调动幼儿对数学学习的兴趣。

第二，教师要鼓励幼儿在自主的区域游戏环境中探索数学。一是为幼儿设置专门的数学区域游戏环境，投放适宜的数学材料，鼓励幼儿通过操作、交流、探索、发现数学。比如，在区域活动材料中投放贴有红、黄、蓝、绿颜色的三角形、圆形、正方形卡纸的纸杯，鼓励幼儿自主探索材料，让幼儿在操作中感知形状和颜色，探索集合与分类的关键经验。二是在其他区域游戏中，渗透数学元素。比如，幼儿在给美术作品进行装饰时，可以渗透模式与规律的数

学关键经验；幼儿在玩角色的混区游戏时，可以渗透钱币买卖物品的数学关键经验；幼儿利用建筑材料玩搭建游戏时，可以渗透图形空间、比较测量等数学关键经验。总之，自主的区域游戏环境可以为幼儿提供更多的数学探索空间，更能吸引幼儿持续操作材料，积极、主动交流，探索数学的有趣和有用。

第三，教师要支持幼儿在趣味的教学环境中学习数学。在专门的数学集体教学活动中，教师要创设有趣的活动情境引起幼儿兴趣，支持幼儿进行专门的数学学习。比如，在开展图形的数学活动时，教师借助绘本《吃了魔法药的哈哈阿姨》创设了一个解救哈哈阿姨的游戏情境，幼儿在故事情境的推动下，不断利用三角形、正方形和平行四边形拼摆出不同的新图形，在此过程中学习图形的分解、组合及图形变换。趣味的教学环境不仅可以吸引幼儿参与数学学习的兴趣，还能层层递进，支持幼儿逻辑思维的层级发展。

（二）挖掘生活化的数学活动素材

生活化的活动内容对幼儿来说有着天然的吸引力。在幼儿园中，教师要善于挖掘，将随处可见的生活资源变为可用的数学活动素材。首先，教师可以用生活化的材料开展数学活动。例如，小班幼儿入园时都会带来一张全家福的照片，以缓解分离焦虑。为了帮助幼儿转移不良情绪，教师经常会和幼儿一起看照片并交谈。在交谈中，有的幼儿就会指着全家福照片说："这是爸爸，这是妈妈，这是我。我们家有 3 个人。"教师发现幼儿对点数照片中的人物感兴趣后，就开始利用全家福照片开展数学活动，引导幼儿学习点数，按照性别给家庭成员分类，比较家庭成员的身高等。

除了生活化的活动材料外，教师还要善于捕捉生活中的教育契机，为幼儿提供数学学习的机会。比如，每天的加餐环节，请值日生先数一数每组有几个小朋友，然后按照小朋友的数量给每组分发奶酪棒，这个过程就是幼儿学习手口一致点数、按数取物的过程。还有每天户外活动前后的排队环节，可以让幼儿思考，除了按性别排队以外，还可以怎样排队，引导幼儿学习分类的多样性。每支队伍的幼儿还可以按照个头高矮排队、按规律模式排队等，引导幼儿学会比较、模式规律、排序等。幼儿排队时，还可以看一看自己的前面是谁，后面是谁，学习数学的空间方位和方位词语。

（三）采取游戏化的数学教学方式

数学学科严密的逻辑性和高度的抽象性、概括性对还处于具体形象思维的幼儿来说极具挑战性。要想吸引幼儿持续地参与数学活动，调动幼儿积极思考，就应该采取游戏化的教学方式。

教师在设计数学活动时，要选择趣味性的教学方式。教师要从幼儿的兴趣出发，设计有趣的游戏活动，调动幼儿参与活动的积极性。例如，在小班"大鱼抓小鱼"的活动中，教师设计了幼儿最喜欢的钓鱼游戏，请每位幼儿钓一条鱼，挂在脖子上，用儿歌的形式请鱼儿出来游泳："大鱼大鱼游出来，小鱼小鱼碰一碰。"幼儿在游戏中初步感知鱼的大小。游戏意犹未尽，教师又设计了"大鱼抓小鱼"的游戏，大鱼可以抓小鱼，小鱼躲进泡泡圈里，就不会被抓到。幼儿轮流抓鱼，玩得不亦乐乎，感受着小鱼成功逃走的快乐。幼儿也在有趣的游戏中学习了比较大小的数学关键经验，实现了"玩中学"的教育理念。

　　教师在组织数学活动时，要提供具有可操作性的活动材料。游戏化的数学活动离不开有趣的活动材料，活动材料越具体、形象、可操作性强，幼儿参与活动的兴趣就越高。例如，在中班数学活动"毛毛虫小姐的鞋"中，教师为幼儿准备了颜色、大小、款式不同的鞋子，创设了毛毛虫小姐举办鞋子舞会的游戏情境。教师首先让幼儿观察和描述鞋子的特征，然后鼓励幼儿帮助毛毛虫小姐整理鞋子，在操作材料中寻找给鞋子分类的依据，从不同的角度给鞋子分类。最后，加大难度，提供两层的鞋柜，引导幼儿按照鞋子的两种属性特征给鞋子分类，学会说"我先把鞋子分成……（红色和蓝色），再把……（红色的鞋子）分成……（红色高跟鞋和红色平底鞋）"的数学语言。如此一来，幼儿在动手操作的过程中就将抽象的分类知识表象化，学习了分类的多样性和二级分类的数学关键经验，提高了幼儿参与数学活动的兴趣。

（四）设计符合幼儿学习特点的活动组织过程

　　幼儿的数学学习是一个从具体到抽象的过程，先从动作开始，通过表象的作用内化，再借助符号和语言从具象水平提升到抽象水平，最后在练习和应用活动中得以巩固。教师在开展数学活动时要遵循这一规律，设计符合幼儿学习特点的活动过程。

　　例如，在大班数学活动"花妖精的生日派对"中，第一个环节，教师扮演花妖精世界里的精灵，引导幼儿识别花妖精小花园周围事物的规律，调动幼儿关于模式规律的前期经验；第二个环节，幼儿要自己创设有规律的鲜花路走法，如，单脚双脚交替走、走跳走跳交替向前、用开合跳的方式交替向前等；第三个环节，装饰花灯，进行规律填充游戏；第四个环节，装饰更多的花灯，合作完成规律填充游戏，加深对规律的理解，巩固和应用规律填充的方法；最后一个环节，舞蹈派对，是延伸和拓展环节，幼儿庆祝成功，根据音乐自编有规律的动作，欢快地舞蹈。这五个环节紧紧围绕"规律排序"这一核心经验，包括识别模式规律、创造模式规律、填充模式规律、再创造规律模式，符合幼儿数学学习的特点和规律，能够支持幼儿围绕数学关键经验理清数学思维过程。

第二节　儿童视角下的幼儿园数学活动

一、儿童视角下的数学活动

儿童和成人看待世界的物理视角不同，思考问题的方式也不同。如果从教师的视角开展数学活动，容易产生偏差和问题。儿童视角下的数学活动就要求教师要从儿童的视角去获取有关幼儿学习和发展需要的信息，根据幼儿在活动中的表现和回应，及时调整数学活动的内容和组织形式，为幼儿提供更适合幼儿发展的回应和教育支持。

（一）走进儿童的真实生活

数学与幼儿的生活密切相关。在幼儿园开展数学活动的目的不是为了让幼儿提前掌握数学知识，而是要唤起幼儿的数学意识，在生活中感知数学的有用和有趣。教师要主动走进幼儿的生活，多看看、多听听、多问问幼儿，获得和幼儿生活相关的感性经验。与此同时，教师还要保持一份清醒，协调好既是幼儿生活的参与者又是观察者的双重角色。

教师对儿童生活和游戏过程的观察不能浮于表面。以大班的货币游戏为例，教师为了让幼儿在真实的生活情境中学习命名数、数量关系的关键经验，设计了商品买卖的游戏活动，在班里开设了一个"小商店"。教师每天给幼儿发放 1 元钱游戏币，幼儿可以到小商店购买商品。这样的数学活动表面上看是观察儿童生活而生成的，其实教师并没有真正把握幼儿的生活经验。比如，幼儿的钱币应该怎样获得？在真实的生活中，钱是通过劳动获取的。爸爸、妈妈每天要辛苦工作，才能赚到钱。教师每天给每人发 1 元钱的行为并不符合幼儿的社会经验。再比如，幼儿的钱币应该怎样花？有的幼儿愿意买东西，有的幼儿则喜欢攒钱。班里只有商店，没有银行。这样的游戏环境创设也不符合幼儿的心理经验。可见，儿童视角下的数学活动需要教师真正参与幼儿的生活，从生理、心理、社会等多个层面去把握幼儿的生活经验。

（二）观察儿童的游戏过程

《幼儿园保育教育质量评估指南》（以下简称《评估指南》）在师幼互动的部分要求教师要"认真观察幼儿在各类活动中的行为表现并做必要的记录，根据一段时间的持续观察，对幼儿的发展情况和需要做出客观全面的分析，提供有针对性的支持"。儿童视角下的数学活动需要教师时刻关注清晰的教育目标，在看见幼儿、看懂幼儿的基础上，评估幼儿现阶段的发展水平，给予幼儿支持，满足幼儿需要，开展发展性的数学活动，促进儿童的学习和发展。

首先，教师要在日常生活或游戏中观察幼儿，解读幼儿为什么这样做，幼儿是怎么想的，幼儿的数学发展处于什么水平，然后，在观察和解读的基础上，欣赏、支持幼儿，拓展幼儿经验，挖掘新的数学活动。比如，教师观察到幼儿在玩三只小猪盖房子的玩具时发生了争吵，乐乐认为蓝色的房子大，瑞瑞认为红色的房子大。两个小朋友把房子放在一起，比较大小。但是，因为房子的形状不一样，比较很久，也没有结果。教师对幼儿的行为进行分析，发现幼儿争吵的原因是幼儿虽然有直接比较的经验，但是很多物体无法直接进行比较，需要使用测量工具进行间接比较。教师确认了幼儿的数学发展需求之后，设计了一节数学活动"公主殿下来的那一天"，为幼儿提供房子、地砖、地垫等不同的材料，通过找最大的房子、为房子铺砖等游戏，引导幼儿用测量工具对物体的面积进行比较和测量。这样的数学活动来源于幼儿在学习和发展中的真实需要，通过教师的支持和引导，幼儿获得了新的数学关键经验，也获得了思维能力的发展。

（三）倾听儿童的游戏想法

教师在开展数学活动时经常会受到传统教育观念的影响，希望幼儿能把数学学会、学好，着急用讲解和示范的方式教给幼儿数学知识。这样的数学活动违背了幼儿好玩的天性，枯燥乏味，反而会打消幼儿学习的兴趣和愿望。儿童视角下的数学活动注重倾听儿童的想法，以儿童为主体设计、开展活动。以大班数学活动"解救六耳猕猴"为例，幼儿听完《真假美猴王》的故事后，并没有憎恶假美猴王，反而觉得如果六耳猕猴愿意改正错误，就可以带着它一起去西天取经。教师听见了幼儿的想法，于是，以幼儿创编的六耳猕猴改正错误的故事为活动导入，融入空间方位和方位词语的关键经验，鼓励幼儿想办法解救六耳猕猴。这样的活动情境来源于幼儿自己的设计，极大地调动了幼儿参与活动的兴趣，大家为了实现共同的目标想办法解决问题。

在数学活动的过程中，教师也需要引导幼儿倾听同伴的声音。比如，数学活动中经常会有一个幼儿分享、其他幼儿倾听的环节，但因为每个幼儿的思维方式不同，倾听的幼儿可能会因为无法理解，而不愿意倾听，表现出无所事事的样子。此时，如果增加幼儿和同伴的互动，就能调动幼儿积极参与。例如，在分类游戏中，幼儿用语言分享自己的分类方法之前，教师先问："请你们猜一猜，他是怎么分的？"这样的提问可以迅速调动倾听者的思维，和分享者产生情感共鸣。随后，教师再提问"他猜得对不对""你是怎么猜出来的"，让幼儿说出自己的感受和想法，增强了幼儿的情感体验。

二、游戏化的数学活动

游戏化的数学活动是将游戏精神融入数学学习中，通过游戏化的教学方式将数学活动的关键经验和各种游戏形式相结合，调动幼儿强烈的兴趣和动机，引导幼儿在游戏中深度感知和思考，以实现思维能力发展的目的。游戏化的数学活动具体可分为三大类型：游戏化的数学集体活动、游戏化的数学区域活动和游戏化的户外活动。

（一）数学集体教学活动游戏化

集体教学活动是幼儿园教学活动的重要组织形式之一，是用游戏化的方式开展集体教学活动，要求做到活动情境游戏化、活动材料游戏化、环节组织游戏化、教师语言游戏化。

游戏情境是开展游戏化数学集体活动的基础。游戏情境可以来源于幼儿喜欢的绘本故事、贴近幼儿生活的事件或幼儿喜欢的体育游戏。游戏情境可以是教师创编的，也可以由幼儿创编，教师根据活动目标进行调整。以小班数学活动"小兔子烤蘑菇"为例，活动的核心目标是"能按照物体的一到两个属性特征匹配物体"。游戏情境来源于幼儿最喜欢的童话故事《小兔子采蘑菇》。教师带领幼儿进入游戏世界。教师扮演兔妈妈，幼儿扮演小兔子，畅想小兔子采完蘑菇后要举行蘑菇宴会。当幼儿和故事中的情节、人物产生情感连接时，故事中的游戏情境就能激发幼儿的学习动机，吸引幼儿主动参与。

活动材料是开展游戏化数学集体活动的支架，适宜的游戏材料可以将抽象的数学概念直观地呈现给幼儿。游戏材料数量要充足，保证每个幼儿都有操作的机会；游戏材料的投放要有层次性，教师将活动内容分解成不同难度的几个层次，根据不同的难度增加或减少材料；游戏材料要直观、简单，便于操作，尽量避免幼儿在集体活动中花时间学习如何使用材料。在"小兔子烤蘑菇"的活动中，教师为幼儿提供了兼具颜色和形状属性特征的蘑菇卡片、4 个有不同标记的篮子、不同形状和颜色的骰子、烤蘑菇的道具等材料。这些材料既能满足幼儿烤蘑菇的愿望，又具有颜色和形状的数学概念特征，能够支持幼儿的数学学习和探索。

环节组织游戏化是开展数学集体活动的保障。环节组织游戏化并不是要求数学活动的所有环节都以游戏的形式设计、开展，教师也需要在游戏前和游戏后组织幼儿进行冷静的思考和清晰的梳理、总结。教师要保证游戏在活动环节中的主体地位，通过游戏环节的层层递进，达成活动目标。

游戏化的教师指导语是开展游戏化数学集体活动的关键。首先，教师的语言要有趣味性，语言形式丰富，能激发幼儿的活动兴趣；其次，教师的语言要简洁，易于幼儿理解，保证幼儿能听懂；第三，教师的语言要有启发性，通过持续的提问，循序渐进地激发幼儿对数学概念的进一步思考。

教师将"小兔子烤蘑菇"的活动分为"采蘑菇""烤蘑菇"和"蘑菇大餐"三个环节。第一个环节"采蘑菇"游戏，教师将"按颜色或形状匹配"的目标融入游戏，要求幼儿根据篮子的标记采摘对应的蘑菇。第二个环节"烤蘑菇"游戏，当幼儿把采到的蘑菇放在厨房后，教师请两个兔宝宝分别投掷颜色和形状的骰子，决定小兔子们要烤什么样儿的蘑菇，引导幼儿"尝试按照物体的两个属性特征进行匹配"。第三个环节是"蘑菇大餐"游戏，教师引导幼儿边听音乐边吃烤蘑菇，和好朋友说一说自己吃的蘑菇是什么味道的。

在活动的不同环节，教师都用游戏化的语言引发幼儿思考，如"你们都看到了什么样儿的蘑菇？"引导幼儿观察蘑菇的外形特征。"你拿到了什么样儿的蘑菇？为什么要找这样的蘑菇？"引导幼儿思考匹配的依据。每次游戏后，教师都用游戏化、具有逻辑性的语言帮助幼儿梳理关键经验，如"我们采的蘑菇有红色的，有蓝色的；有的上面有圆形图案，有的上面有三角形图案。""小白兔说'谢谢你们，帮它们烤了红色的、有圆形图案的蘑菇'。"因此，教师的互动性提问不但使游戏更加复杂和有趣，还能支持幼儿对数学概念进行深入的思考。

（二）区域游戏中的数学学习

数学区域游戏的开展对幼儿的数学学习具有重要意义。和集体教学活动不同，数学区域游戏的自主性、个性化和游戏性更强。在数学区域游戏中，幼儿有更多自主探索和思考的空间，对数学材料和教师的观察指导水平也会有更高的要求。

在数学区域的设置上，教师需要围绕数学关键经验设计游戏，将数学关键经验和游戏材料巧妙结合。比如，在小班区域游戏"喂小动物"中，教师把图形特征、分类匹配的关键经验和木片、动物大嘴巴的游戏材料相结合，幼儿可以选择与动物身上贴有相同形状的食物，用小勺子给小动物喂食，进行一个维度的匹配，也可以按照形状、颜色、数量等进行多个维度的匹配游戏。

教师投放的区域游戏材料要有层次性和探究性，满足幼儿根据自身的兴趣和能力水平进行自主游戏的需要。比如，中班的"模式方块"游戏，教师投放了带有图案的积木方块若干、与之匹配的模式卡片若干。数学能力水平低的幼儿可以根据教师提供模式卡片上的模式核心单元提示摆出相应模式的积木方块。数学能力水平高的幼儿可以用三块积木方块任意创造一组模式规律核心单元，根据掷出骰子的点数，拿取相应数量的积木，进行模式的拓展与延续。中、大班的数学区域游戏可以鼓励幼儿自主探索材料，创编游戏玩法。

幼儿在数学区域的游戏活动需要教师的观察和指导。教师不仅要关注幼儿数学关键经验的发展，还应关注幼儿在游戏过程中材料使用、语言交流、问题解决、分享评价等多方面的游戏情况。比如，在大班区域游戏"三只小猪盖房子——图形与空间"中，毛毛和嘟嘟每人都选择了一张自己喜欢的房子设计图。他们商量着用不同形状的积木盖房子，比一比谁用的积木少。他们玩了两局，每人获胜一局后，就不想玩了。教师观察、分析幼儿的游戏情况后，给幼儿投放了一个颜色骰子和一个数字骰子，鼓励幼儿想一想骰子可以怎么用。幼儿决定根据骰子掷出的结果来盖房子，最后比一比，谁先把房子盖完为胜利。通过教师的指导，幼儿的数学游戏更加专注，游戏从低水平向高水平发展。

（三）户外游戏中的数学学习

幼儿园的户外游戏本身就具有一定的规则。教师可以巧妙地利用游戏规则，将户外运动和数学学习相结合，支持幼儿在户外游戏中学习数学。

教师可以在户外集体游戏中融入数学学习的目标，引导幼儿在玩游戏的同时学习数学。"老狼老狼几点了"是幼儿最喜欢的户外游戏之一。教师利用这个游戏，将"6和10的多种分解与组合方式"的数学核心目标融入游戏中。教师准备了大、中、小三种规格的呼啦圈，规定每个小圈站1只小羊，中圈站2只小羊，大圈站3只小羊。当幼儿听到老狼说"12点了"，就要往圈里跑。只要站在圈里，就不会被抓住。游戏分层次进行。第一次游戏：用6个小圈抓6只小羊；第二次游戏：用4个小圈、1个中圈抓6只小羊；第三次游戏：用6个小圈、2个中圈抓10只小羊；第四次游戏：用5个小圈、1个中圈、1个大圈抓10只小羊。在游戏过程中，幼儿不仅能够锻炼躲避和反应能力，还能运用等量代换的思维方式解决问题，感知6和10的多种分解与组合方式。

户外分散游戏中也能渗透幼儿的数学学习。在玩大型器械游戏时，可以融入空间方位的数学关键经验。在幼儿排队游戏的过程中，可以引导幼儿用身体感知前、后、左、右不同方位。还可以在大型器械上贴上路线标志，引导幼儿尝试用方位语言描述简单的路径。在走、跑、跳的运动游戏中，设置不同颜色或形状的游戏材料。小班幼儿可以按照教师的指令，在不同颜色、形状的材料上运动，学习匹配的关键经验；中班幼儿可以自己尝试按照一定的模式规律摆放材料；大班幼儿可以自由调节每个材料之间的距离，设计不同难度的游戏活动，发展比较和测量的数学关键经验。

除此之外，教师要善于引导幼儿利用数学关键经验解决户外游戏中的问题，帮助幼儿巩固数学经验。比如，在进行投掷游戏时，幼儿想比一比谁投得远，教师就引导幼儿用比较和测量的关键经验解决问题。请幼儿站在同一起始线上，向同一方向投掷，用直接比较的方式比一比，看谁投得远。比赛过程中，有的幼儿方向把握不准，沙包投偏了，很难分清楚谁投得近、谁投得远。教师又引导幼儿借助测量工具，用间接比较的方式比一比远近，从而达成游戏目标。

三、生活化的数学活动

一日生活皆教育，一日生活有数学。幼儿园一日生活中随时随地可以看到与数学有关的现象。教师要注意观察生活中的教育契机，从中寻找数学元素，开展生活化的数学活动。

（一）在一日生活中渗透数学

幼儿在园的一日生活可以分为8大环节，晨间入园环节、进餐环节、饮水及盥洗环节、午睡环节、集体活动环节、区域游戏环节、户外活动环节、离园环节。在"游戏化的数学活动"教研活动中，我们探讨了集体活动、区域游戏和户外活动中的数学学习，发现一日生活的其他环节也可以渗透数学学习，开展生活化的数学活动（表1-2-1~表1-2-5）。

表1-2-1　晨间入园环节的数学教育契机

序号	生活事件	数学关键经验	适用年龄班
1	教师站在幼儿园大门口和楼道里接待幼儿，问声"早上好"	了解时间，认识早上、上午、中午、下午、晚上	小、中、大班
2	幼儿将书包摆放在自己的书包格里，每人拿1块毛巾、2个水杯，放在指定位置	数概念与运算：一一对应、按数取物	小班
3	教师用花名册点名。"咱们班一共有××名幼儿。今天，××名幼儿没来。现在，班里有××名幼儿。"记录班级出勤情况	数量变化	中、大班
4	记录每天的天气和温度，统计一个月的天气情况	1. 数字的用途（感知温度的数字代表的含义）2. 统计（统计一个月不同天气的数量）	中、大班

表1-2-2 进餐环节的数学教育契机

序号	生活事件	数学关键经验	适用年龄班
1	小组长或值日生按照每组人数分发餐具	一一对应、点数、按数取物	中、大班
2	一个幼儿有一个盘子、一个碗和一个勺子	一一对应	小班
3	桌面上,盘子和碗的位置关系	初步认识前、后、左、右	小、中、大班
4	幼儿餐后送餐具,将碗、盘子、筷子、勺子分类摆放	分类	小班
5	每个幼儿选择2种不同的水果	点数	小班

表1-2-3 饮水及盥洗环节的数学教育契机

序号	生活事件	数学关键经验	适用年龄班
1	请幼儿按照男孩、女孩分别盥洗	按照性别进行分类	小班
2	盥洗室有4个洗手台,每次只能有4个幼儿同时洗手,其他幼儿要排队等候,轮流洗手	数数、一一对应、匹配	小、中、大班
3	用"七步洗手法"洗手,数一数自己洗了几步,说一说第一步是什么、第三步是什么	点数、认识基数和序数	中班
4	根据个人标志,寻找自己的小水杯和小毛巾	根据物体的属性进行匹配	小班
5	幼儿的水杯都是一样大的,教师的水杯比幼儿的水杯大	用直接比较和间接比较的方式比较物体的大小	中、大班
6	比一比谁盥洗的速度快,谁喝的水多	用直接比较和间接比较的方式比较盥洗速度的快慢和饮水量的多少	中、大班

表1-2-4 午睡环节的数学教育契机

序号	生活事件	数学关键经验	适用年龄班
1	数一数自己今天穿了几件衣服,比一比谁穿的衣服多	点数、数量比较	小、中班
2	第一步脱鞋子,第二步脱裤子,第三步脱上衣	理解做事情的先后顺序,感知序数,第一步、第二步、第三步	小、中班
3	将脱下来的鞋子摆放整齐	感知方位,左和右	小、中班
4	叠好的衣服放在小椅子上面,鞋子放在小椅子下面,袜子放在鞋子里	感知方位,上和下、里和外	小、中班

(续)

序号	生 活 事 件	数学关键经验	适用年龄班
5	观察衣服摆放的方向和方位	以自身为中心辨别左右，体会上下、前后的相对性	大班
6	数一数自己的衣服在第几排的第几把椅子上	数数、学习 10 以内的序数	大班

表 1-2-5　离园环节的数学教育契机

序号	生 活 事 件	数学关键经验	适用年龄班
1	收拾、整理玩具和自己的物品	物品分类，按照从大到小或从小到大的顺序排序	中、大班
2	排队离开教室时，数一数男孩多少人，女孩多少人，一共多少人，所有小朋友是不是都准备好离园了	数数、统计	大班
3	爸爸、妈妈 5 点来接幼儿。幼儿见到爸爸、妈妈时，可以说："下午好!"	初步感知时间，认识早上、上午、中午、下午、晚上	小、中、大班
4	等爸爸、妈妈时，女孩坐在左边的沙发上，男孩坐在右边的沙发上	按性别分类，初步感知左右	小、中班
5	请叫到名字的小朋友从两队的中间走出来	初步感知空间方位，理解左右、前后、中间等方位词	小班
6	男孩的队伍比女孩的队伍长，数一数男孩比女孩多几个	点数、目测数，数量比较	中、大班
7	我在队伍中的第几个 下一个是××小朋友的家长，我的爸爸排在最后一个	20 以内的序数	大班

（二）利用过渡环节玩数学游戏

在一日生活的各个环节中都会有一些碎片化的时间。比如，饮水及盥洗环节，教师会分组请幼儿盥洗，先完成的幼儿需要等待后面的幼儿完成后一起进入下一个环节，这其中就有三四分钟的等待时间。这些时间虽然很短，但也可以利用起来，组织幼儿玩一些数学小游戏，培养幼儿的数感，让幼儿感受到数学的乐趣。值得注意的是，利用碎片化时间开展的数学游戏要满足游戏规则简单、便于组织、材料易得、不限场地的基本要求。

教师可以将身体部位作为游戏材料，设计简单易懂、便于组织的数学游戏。比如，在排队等待的时候，教师可以引导幼儿创编双手交叉、比爱心、握拳等不同的身体动作。教师说出模式规律，请幼儿按顺序做出与模式规模相匹配的动作，如请男孩队摆出 ABCABC 的模式规律，请女孩队摆出 ABBABB 的模式规律，看看哪队摆得快。幼儿坐在座位上等待的时候，教师可以组织幼儿玩听声音数数的游戏，请幼儿用手蒙住眼睛，竖起耳朵，仔细听教师拍了几次手，听完后，不能说出来，请到谁，谁来说拍了几次。这种以身体部位为游戏材料的数学游戏非常容易组织，可以实现随时随地进行数学教育的目的。

教师还可以以趣味儿歌为载体，利用碎片化的时间，设计不限场地、不限人数的数学游戏。比如，借助儿歌玩"抓鸭子"的游戏。教师发起游戏："抓呀，抓呀，抓鸭子。"幼儿集体回应："鸭子、鸭子抓几只？"教师发出指令："鸭子、鸭子抓 5 只。"幼儿从前往后依次回答。第一名幼儿发出"嘎"的声音，第二名幼儿发出"嘎嘎"的声音，以此类推，当第五名幼儿发出"嘎嘎嘎嘎嘎"时停止。第六名幼儿说："鸭子、鸭子抓完了。"以表示抓捕结束。上下楼梯时，教师也可以和幼儿一起念数字儿歌，如教师问："小朋友，我问你，5 可以分成几和几？"幼儿回答："老师，老师，我回答你，5 可以分成 4 和 1。"下一个幼儿接着回答："5 可以分成 3 和 2。"……直至把 5 所有的分解方式说完，教师再提出下一个问题。这样有节奏、朗朗上口的儿歌问答方式可以帮助幼儿快速集中注意力，在碎片化的时间里调动幼儿思维，培养幼儿数感。

四、自然化的数学活动

在我们生活的自然环境中随处可见数学活动资源。比如，在欣赏花草树木时，可以引导幼儿数一数花瓣的数量，比一比哪棵树更粗。教师要善于利用自然资源，打破常规数学活动形式的约束，开展自然化的数学活动，激发幼儿的学习兴趣，促进幼儿综合能力的发展。自然化的数学活动包括在自然环境中开展的数学活动和利用自然物开展的数学活动。

（一）在自然环境中开展幼儿园数学活动

自然环境主要是指户外的自然环境。教师可以在自然环境中利用户外大空间和各种运动器械，将数学关键经验和走、跑、跳、钻爬等基本动作练习结合起来，开展相应的数学活动。比如，幼儿园常玩的体育游戏"小孩小孩真爱玩"。教师作为发出口令的人，可以说："小孩小孩真爱玩，摸摸这儿，摸摸那儿，摸摸红色的东西跑回来。"幼儿就去摸摸红色的滑梯、红色的墙面、红色的球等红色的物品。教师可以按照物体的颜色提出游戏要求，也可以按照物体的形状提出游戏要求，这样的活动与单一观察物体外部属性特征相比更具趣味性，还能帮助幼儿获得与"类"相关的概念，为匹配和分类打下基础。

特别是开展涉及"位置与空间"关键经验的数学活动时，幼儿需要通过亲身体验和具体操作的方式获得方向、路线和位置等经验。如果游戏在室内开展，容易受到空间的局限，幼儿需要更加开阔的、符合生活经验的活动场地，在户外的自然环境下，开展相关的活动就比较适宜。教师可以引导幼儿观察、对比、发现自然环境中的数学元素。比如，在户外散步时，教师可以自然而然地引导幼儿观察教学楼前面是操场，操场的左边是滑梯，右边是小池塘。如果去操场有两条路线可供选择，左边和右边的路线都能走到操场。教师还可以对户外空间进行设计，创设一些数学元素，比如，在大操场上画上格子，用大地垫摆放一些迷宫路线，再设置一些障碍物，小、中班幼儿可以在游戏中发展空间方位能力，大班幼儿可以自主设计行走路线，用不同的方式表征路线。

（二）利用自然物开展幼儿园数学活动

大自然中的物质丰富多彩且深受幼儿喜爱。路边的一块小石头、飘落的一片树叶……都可以引发幼儿的游戏畅想。我们身边常见的自然物有动物、植物（如花朵、树枝、树叶、果实等）、沙、石头、土、贝壳等，每种自然物都有其独有的特征，蕴含着无限的科学和数学元素。教师引导幼儿观察、探索自然物，借助自然物开展数学活动，不仅能够满足幼儿亲近自然、探索生命的愿望，更有利于幼儿在自然生活中感受数学的乐趣。

首先，教师应顺应幼儿兴趣，允许幼儿根据自己的喜好搜集自然物，如，春雨后地上散落的花瓣、夏天小溪边发现的小石子、秋风吹落的树叶和果实、冬天的枯叶和枯树枝等，引导幼儿在搜集的过程中观察和思考，发现自然物中有关数学的奥秘。一年四季中的每个季节，教师都可以鼓励幼儿搜集独特的自然物，引导幼儿从不同的角度对自然物进行观察和比较，发现自然物中蕴含着形状、颜色、大小、线条等不同的属性特征，帮助幼儿建立数学的基础性概念。

其次，教师可以利用自然物设计数学活动，引导幼儿在游戏和探索中积累数学经验。比如，在搜集自然物之前，给幼儿一个任务单，搜集1朵花、2粒种子、3根树枝、4片树叶、5块石头……将计数能力融入搜集游戏中。再比如，户外阳光照出了很多物体的影子，教师可以提出问题："谁的影子长？谁的影子宽？"引导幼儿用搜集到的树枝进行测量，帮助幼儿积累比较和测量的关键经验。不同的自然物具有不同的形状特征。教师可以鼓励幼儿用搜集到的自然物摆出自己喜欢的造型，通过变换自然物的位置和方向，积累空间方位和图形变换的关键经验。

对于幼儿来说，数学概念是抽象的，需要大量亲身体验和动手操作的机会，才能形成初步的数学概念。教师可以让幼儿在接触大自然和照顾动、植物的过程中巩固数学经验。比如，在班级饲养小动物时，幼儿就可以用数量统计的经验设计观察记录表，记录动物每天的进食量，发现动物进食的规律，制订喂养动物的规则；在照顾植物时，教师可以提前查询每种植物所需的浇水量，引导幼儿用测量的经验测量出固定的水量，形成照顾植物的规律；在观察植物的生长变化时，教师也可以给幼儿投放一些测量工具，鼓励幼儿用比较和测量的经验来观察植物，比一比谁的植物长得高。幼儿通过在亲近自然活动中的感知与体验，不断提高运用数学经验解决实际问题的能力，感受数学的有用和有趣。

第二章 游戏化数学活动

第一节 集体教学活动

活动一 图形城堡（小班图形与空间）

活动由来

　　小班下学期，幼儿对图形非常感兴趣，喜欢用图形拼拼摆摆，但是拼摆方

扫码看彩图2-1-1　　扫码看视频2-1-1

式较为单一。为了满足幼儿的兴趣和发展需要，让幼儿能够获得更多有关图形拼摆的经验，教师设计了这次"图形城堡"的活动，引导幼儿在游戏中体验图形的多种组合、拼摆方式。

活动目标

　　1. 喜欢进行图形拼摆，能用不同的图形组合出新的图形。

　　2. 知道用移动、旋转等方法解决图形组合中遇到的问题。

　　3. 愿意参与图形拼摆游戏，体验拼摆成功的喜悦。

活动重点

　　喜欢进行图形拼摆，能用不同的图形组合出新的图形。

活动难点

　　知道图形可以旋转、移动、翻面等，愿意用图形旋转、移动的方法解决拼摆游戏中遇到的问题。

活动准备

　　1. 经验准备

　　认识三角形、正方形，知道几个不同的图形能组合出新的图形。

2. 物质准备

（1）图形小块。

（2）3扇魔法门（图2-1-1）。

（3）一条魔法路（图2-1-2）。

（4）填充魔法门和魔法路的图形若干。

（5）幼儿佩戴的图形宝宝标记。

（6）图形城堡设计图。

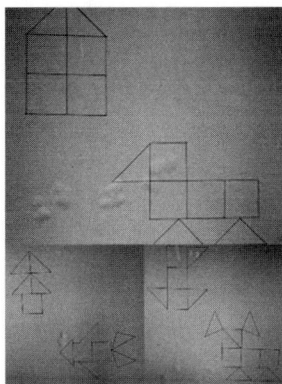

图2-1-1

图2-1-2

活动过程

（一）情境引入，激发兴趣

教师：图形宝宝们，今天，图形妈妈要带你们去图形城堡玩。要想到达图形城堡，就要穿过魔法门、走过魔法路。你们敢不敢去？都有哪些图形宝宝想和我一起去？你是什么图形宝宝？

幼儿：三角形。

幼儿：正方形。

（二）图形填充，尝试用移动、旋转等方法组合图形

1. 第一关游戏：填充魔法门

教师：我们到了魔法门。听说只有给魔法门拼出合适的形状，才能开启魔法门！

教师：我们怎么办？可以怎么填？

幼儿：把图形放在上面。

幼儿：要把图形放在线的里面。

教师：那请你用自己身上的图形帮忙填充魔法门上的图形吧！

教师：你是怎么填上去的？

幼儿：我把三角形图片放到三角形里面。

幼儿：我和她的三角形一起把这个正方形给填满了。

小结：快看看，图形宝宝们都拼出了什么？原来，我们用三角形、正方形组合出了新的图形。魔法门能开启吗？（能）你们太棒了！咱们继续出发。

2. 第二关游戏：填充魔法路

教师：接下来，我们来到了魔法路。你们猜猜看，魔法路需要我们做什么？

幼儿：还要拼图形。

幼儿：是要拼路吧！

教师：魔法路也要拼出合适的图形才能通过。图形卡片要放在图形轮廓里，不能重叠，不能多出来，不能有空白，要全部填满。

教师：你觉得可以怎么拼？快去试一试吧！

幼儿：把手里的图形卡片放在里面，就可以了。

教师：大家成功了吗？哪里拼不好？

幼儿：我这里要填的图形不是三角形，也不是正方形。

幼儿：我的这个图形有空白，填不满。

教师：谁成功了？你是怎么拼的？

幼儿：就是沿着线拼，把图形这样（旋转），多试几次，就行了。

教师：他说的方法，你们听懂了吗？他是怎么说的？还有谁来说说？

幼儿：就是多转转，多试试。

教师：那我们用他的方法把图形转一转、移动一下，再去试试吧！哇！你们都成功了！魔法路上的所有图形都拼好了，可以通过了，咱们一起走吧！

（三）图形拼摆，巩固组合图形的方法

教师：图形城堡到了。你们看到了什么？

幼儿：路、城堡、图形。

教师：图形城堡里的所有东西都是图形组成的，这里就是我们的新家，城堡的外面有点儿空，怎么才能让我们的图形城堡更加漂亮呢？

幼儿：我们可以再拼一些东西。

教师：那请图形宝宝们一起来设计一下吧！你希望咱们的图形城堡里有什么，你就把它拼出来吧！

教师：你给咱们的图形城堡添了什么？

幼儿：我拼了小花。

幼儿：我在城堡里拼了汽车。

教师：哇！咱们的新家更漂亮了！这都是你们的功劳。你们不怕辛苦，还能想办法解决问题，真是太能干了！

活动延伸

在区域活动中鼓励幼儿大胆探索，利用三角形、圆形、正方形组合的方法给图形城堡拼出更多的漂亮新图形。同时，本次活动可以结合班级中"图形大变身"的主题活动开展，利用绘本故事《有魔法的形状》，让幼儿感知并了解更多图形组合后的图案。

活动反思

（一）优点

1. 幼儿发展

（1）幼儿能在游戏过程中体验并感知几种图形组合后可以变出新图形。他们在拼摆图形的过程中，知道图形卡片可以旋转，还可以翻面。

（2）幼儿能够利用游戏中积累的经验进行创造性的拼摆游戏，将活动目标一、二相融合，体验拼摆图形、创造新图形的乐趣。

2. 教师发展

（1）通过活动能够发现幼儿发展过程中的认知冲突是什么，进而更好地了解幼儿需要提升哪方面的能力。

（2）教师多运用幼幼互动的方法，引导幼儿互相学习，将幼儿的个人经验转化成集体经验。

（二）不足

个别幼儿还不能很好地掌握图形旋转的方法。教师可以引导幼儿在区域活动中继续大胆尝试，利用三角形、圆形、正方形组合的方法给图形城堡填充更多、更漂亮的新图形，提升、巩固幼儿图形拼摆的数学经验。

（作者：北京市海淀区富力桃园幼儿园　唐　柳）

活动二　蝴蝶避雨（小班数概念）

活动由来

小班下学期，教师发现班里大多数　扫码看彩图 2-1-2　扫码看视频 2-1-2
幼儿能完成一一对应地点数 6 以内的物体，但是当被数物体排列不规则时，幼儿往往数不清，记不住从哪里开始数的，也会出现漏数或者重复数的现象。基于幼儿发展现状及需要，教师结合传统绘本故事《三只蝴蝶》的故事情节，设计了本次活动"蝴蝶避雨"，借此丰富幼儿的数数经验，发展幼儿的点数能力。

活动目标

1. 在蝴蝶避雨的游戏情境中学习不同的数数方法。
2. 能够点数排列不规则的 6 以内物体的数量，并正确说出总数。
3. 体验数数游戏的乐趣，感受帮助蝴蝶避雨的快乐。

活动重点

能够点数排列不规则的 6 以内物体的数量，并正确说出总数。

活动难点

在蝴蝶避雨的游戏情境中学习不同的数数方法，体验数数的乐趣。

活动准备

1. 经验准备

（1）有 6 以内数数的经验。

（2）玩过"蝴蝶避雨"的游戏。

2. 物质准备

（1）红、黄、蓝 3 种颜色的蝴蝶卡。

（2）自制蝴蝶胸牌。

（3）自制红、黄、蓝 3 种颜色的小花（图 2-1-3）。

（4）自制带有数字的小花彩色图卡（图 2-1-4）。

图 2-1-3

图 2-1-4

活动过程

(一) 情境导入

1. 创设情境

幼儿扮演小蝴蝶，教师扮演蝴蝶妈妈。蝴蝶妈妈带领小蝴蝶们到花园里玩耍，观察花朵。

2. 播放音乐，引导幼儿观察周围环境

教师：小蝴蝶们，花园里的花都开了。蝴蝶妈妈带你们去花园里玩吧！你们在花园里都看到了什么？

幼儿：有红色、黄色、蓝色的花，还有大树。

(二) 游戏 "蝴蝶避雨"，按颜色找花

游戏 "蝴蝶避雨"，引导幼儿按颜色找花，用多种方式手口一致地点数 6 以内不规则排列的蝴蝶数量并说出总数。

1. 创设游戏情境，激发兴趣

教师创设 "蝴蝶避雨" 的游戏情境，引起幼儿参与游戏的兴趣。

教师：突然，下起了大雨。小蝴蝶们赶紧飞到大树下和花朵下避雨吧！

2. 红花游戏

教师：小红花说，红色的小蝴蝶颜色和我的一样，请到花朵下避雨吧！

教师：你们猜猜，红花下有几只红蝴蝶？你是怎么知道的？谁能来数一数？你是怎么数的？

幼儿：4 只蝴蝶，我是看出来的。

幼儿：我用手来点数的。

教师：究竟是几只呢？咱们一起来看一看。

教师请一名幼儿点数，集体进行验证。

3. 黄花游戏

教师：小黄花说，黄色的小蝴蝶颜色和我的一样，请到花朵下避雨吧！

教师：你们知道黄花下有几只蝴蝶吗？谁能来数一数？你是怎么数的？还可以怎样数？

幼儿：有 5 只，我是用眼睛看的。

教师：这一次，请小蝴蝶出来一只，咱们数一只，一起来数数看，好吗？

幼儿点数，集体验证。

教师：你们还记得这次咱们是怎么数的吗？

幼儿：是出来一只、数一只，这样数的。

小结：我们请小蝴蝶出来一只、数一只，这样可以数得又快又清楚。

4. 蓝花游戏

教师：小蓝花说，蓝色的蝴蝶颜色和我的一样，请到花朵下避雨吧！

教师：蓝花下有几只蝴蝶呢？谁能来数一数？你是怎么数的？谁还有不同的数数方法？你能告诉大家，这里一共躲了几只蓝色的小蝴蝶吗？

幼儿：9只。

教师：你用什么方法知道有9只的？

幼儿：我用眼睛看的，还用手点数了。

教师：究竟是几只呢？咱们一起来数数看吧！

教师：有的小蝴蝶说有6只，有的说有7只，还有的说有9只。这次，我们数完一只小蝴蝶，就请它藏进去。一起数数看，到底有几只，好吗？

幼儿点数，用数一只小蝴蝶、进去一只的方法集体验证。

教师：到底有几只呢？

幼儿：7只。

幼儿：6只。

教师：这次，我们再请小蝴蝶出来站好，一起数一数，好吗？

幼儿站成一排，集体点数验证。

教师：到底有几只呢？

幼儿：6只。

小结：数量少的时候，我们用眼睛一看，就知道准确的数量了。数量多的时候，我们可以点一下、数一下，也可以数一个、蹲下去一个，或者数一个，从伞做的花朵下面出来一个，可以有很多种数数的方法。

（二）游戏"蝴蝶避雨"，按花瓣数量进行点数

教师：小花帮助了我们，我们要谢谢它。

教师：这次，小花说它想帮助那些身上点点的数量和花瓣数量一样的小蝴蝶避雨。一起看看，小花有几片花瓣吧！

1. 数小花花瓣的数量

教师：帮助过我们的小花长得都不一样，咱们一起来看一看。小红花有几片花瓣？谁能数一数？你是怎么数的？

幼儿：4片，我是一片一片数的。

教师：那黄色的小花有几片花瓣呢？谁能数一数？你是怎么数的？

幼儿：5片，我是点一下、数一下，这样数的。

教师：小蓝花究竟有几片花瓣？谁能数一数？你是怎么数的？

幼儿：6 片，我是从这里开始，然后一片花瓣挨着一片花瓣数的。

小结：原来记住从哪里开始数的，也就是记住一个起点，不重复数、不漏数，这样才能数得更准确。

2. 数小蝴蝶身上点点的数量

教师：小花想请身上点点数量和它花瓣数量一样的小蝴蝶来避雨。

教师：你身上有几个小点点？可以去哪朵小花那里避雨呢？

幼儿：4 个点点，可以到小红花那里去避雨。

教师：其他的小蝴蝶身上有几个小点点？你们可以到哪里避雨呢？

幼儿：我有 5 个小圆点，可以到小黄花那里避雨。

3. 玩避雨的游戏，集体验证

教师：你们的身上都有几个点点？你们可以到哪朵花朵下避雨？

幼儿：我们身上都有 6 个点点，可以到小蓝花那里避雨。

小结：小蝴蝶们在数的时候，要认真观察，记住从哪里开始数的，不能重复数，也不能漏数，这样才能数得又快又准确。

（三）游戏"帮助小蝴蝶避雨"，将颜色和点点数量相匹配

教师：还有很多小蝴蝶也想来避雨，小花喜欢和它一样颜色、一样点数的小蝴蝶到它这里来避雨，请你们去帮小蝴蝶找一找吧！

教师：你帮助了几只小蝴蝶？蝴蝶是什么颜色的？身上有几个点点？

教师巡回观察幼儿游戏情况，及时进行个别指导。

教师：你帮助了几只小蝴蝶？它是什么颜色的？身上有几个点点呢？

幼儿：我帮助了两只。

幼儿：我帮助了蓝色的小蝴蝶，它有 5 个小点点。

（四）结束环节

教师：小蝴蝶们，带着你们的蝴蝶朋友一起去看看，你帮助了几只小蝴蝶找到了避雨的地方吧！

活动延伸

将本次活动的操作材料投放到益智区，引导幼儿继续练习 6 以内点数。

活动反思

（一）优点

1. 幼儿发展

幼儿在游戏过程中通过反复点数，巩固练习了手口一致点数的方法，同时也获得了手眼协调能力的发展。在点数花瓣和小蝴蝶身上小点点数量的游戏中，还学习了点数不规则排列物体数量的方法，丰富了幼儿不同的点数经验，比如，可以用眼睛看；可以数一个、蹲下一个；可以从花朵下面出来一个、数一个。同时，还需要记住从哪里开始数的等具体的数数方法和策略。

2. 教师发展

（1）活动设计内容充满童趣，游戏情境贯穿始终。

本次活动将"蝴蝶避雨"的游戏情境贯穿活动始终，设计内容充满童趣，符合小班幼儿年龄特点，使幼儿能兴趣十足地感知并学习"手口一致地点数，说出6以内数量的总合"的核心经验。

（2）关键提问促进幼儿思考，激发幼儿参与活动的兴趣。

教师在游戏过程中通过驱动式提问启发幼儿思考，例如，"你是怎么知道的？你是怎么数的？还可以怎样数？"通过以上关键性提问调动幼儿已有点数经验，引导幼儿在游戏中进行点数练习，同时，鼓励幼儿尝试用不同的数数方法来解决游戏中的问题，大大地激发了幼儿参与活动的兴趣。

（3）尊重幼儿数学学习的特点，注重幼儿动手操作和亲身感知。

本次活动设计从小班幼儿思维直观性的学习特点出发，无论是集体游戏还是个体游戏环节，都注重为每个幼儿提供参与游戏和动手操作的机会，让幼儿在亲身感知、动手操作中获得点数的直接经验。

（二）不足

本次活动过程中，教师的指导语有些多，给幼儿表达的机会较少，应该注重引导幼儿多进行表达，锻炼幼儿用数学语言表达自己思维的能力。

（作者：北京市海淀区富力桃园幼儿园　王海啸）

活动三　翻翻乐（中班数量比较）

活动由来

在日常生活中，孩子们常常会用数数解决生活中的一些问题。但是，当数量多的时候，就会出现数不清楚的状况。为了更好地帮助幼儿数清楚数量，提高幼儿的数数能力，教师设计了这次"翻翻乐"的数学活动。

扫码看彩图 2-1-3　　扫码看视频 2-1-3

活动目标

1. 能排除干扰，探索多种数数方法，积累数数的经验。
2. 能运用数数的策略来比较两组物品的数量。
3. 乐于参与数数的游戏，体验通过数数解决问题的快乐。

活动重点

能在游戏中探索数清楚物体数量的多种数数方法。

活动难点

能够在很多物品中，数清需要点数的物品数量。

活动准备

1. 经验准备

会 1~20 点数。

2. 物质准备

20 张一面是粉色、另一面是紫色的圆片（图 2-1-5），记分表 1 张、黑色圆点卡片（图 2-1-6），小星星贴纸，音乐，展板，手摇铃。

图 2-1-5

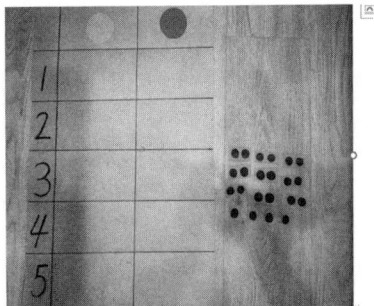

图 2-1-6

活动过程

（一）情境引入，激发幼儿兴趣

教师：圆圆王国在进行"翻翻乐"的游戏，咱们一起去看看吧！

教师播放音乐，幼儿跟随音乐进入教室。

教师：紫色和粉色的圆片在玩游戏，它们都希望自己的数量越来越多，想请你们来帮忙。谁想去紫队，可以坐在这边。谁想去粉队，可以坐在那边。

（二）第一次游戏，熟悉游戏规则

1. 介绍游戏规则

教师：游戏开始时，每个小朋友要想办法把圆片翻成自己队的颜色，两队的圆片都可以翻动。听到游戏结束的铃声时，小朋友们要快速地回到座位上坐好，不能再翻动圆片。最后，看看哪种颜色面向上的圆片多，哪队就获胜。你们听清楚了吗？

幼儿：我要去翻紫色的圆片。游戏结束铃声响起，就不能翻了。

教师：你为什么要翻动紫色的圆片呢？

幼儿：我是粉色队的。

教师：你是粉色队的，要把紫色的圆片翻成粉色的。你们同意他的说法吗？（同意）那咱们一起来游戏吧！

2. 幼儿第一次游戏（10 张圆片，每队 2 人）

游戏玩法：教师为幼儿准备 10 张圆片。幼儿 2 人为一队。游戏前，将 5 张圆片紫色面朝上，5 张圆片粉色面朝上。游戏开始时，如果幼儿是粉队成员，就要想办法把紫色面朝上的圆片翻成自己队的粉色。所有的圆片都可以翻动。听到游戏结束铃声，不能再翻动圆片。

3. 比较数量，判断输赢

教师：哪队赢了？你们是怎么知道的？

幼儿：都赢了。

教师：你是怎么知道的？

幼儿：我数了，粉色有 5 张，紫色也有 5 张。

教师：两队的数量一样多，是平局。

4. 教师小结

小结：当需要点数的圆片数量少时，我们一看，就知道谁多谁少了。

5. 记录游戏结果

记录游戏结果：紫队有几张紫色面朝上的圆片，就贴相应数量的黑色圆点卡片。粉队记录方法同紫队。两队进行比较后，给黑色圆点数量多的队奖励一枚小星星贴纸。

（三）第二次游戏，巩固多种数数的方法

1. 幼儿第二次游戏（20 张圆片，每队 2 人）

游戏玩法：教师为幼儿准备 20 张圆片。幼儿 2 人为一队。游戏前，将 10 张圆片紫色面朝上，10 张圆片粉色面朝上。游戏开始时，如果幼儿是粉队成员，就要想办法把紫色面朝上的圆片翻成自己队的粉色。所有的圆片都可以翻

动。听到游戏结束的铃声时，不能再翻动圆片。

2. 比较数量，判断输赢

教师：这次，哪队赢了？

教师将游戏结束时两种颜色的圆片数量和位置图贴在展板上，引导幼儿判断输赢。

幼儿：粉色队。

幼儿：紫色队。

教师：有的小朋友说粉色队，有的小朋友说紫色队。到底哪队赢了，我们怎么才能知道？

幼儿：可以数一数。

教师：数一数，才能知道到底谁多谁少。圆片太多了，不容易数清楚，你们有什么好办法？

幼儿：可以点一个，数一个。

幼儿：可以拿走一个，数一个。

教师：这次哪队赢了？

幼儿：紫色队。

教师：这次，为什么你们队翻了这么多？你们用了什么好方法呀？

幼儿：我们跑得快。

幼儿：我看好需要翻动的圆片后，两只手一起翻圆片。

3. 教师小结

小结：我们可以拿走一个、数一个，也可以分开数，有很多的数数方法。玩游戏时，还要动脑筋想办法，才能赢。像刚才这个小朋友用的方法，下次游戏时，其他小朋友也可以试试。

4. 记录游戏结果

记录游戏结果：紫队有几张紫色面朝上的圆片，就贴相应数量的黑色圆点卡片。粉队记录方法同紫队。两队进行比较后，给数量多的队奖励一张小星星贴纸。

(四) 第三次游戏，探索更多数得又快又清楚的方法

1. 幼儿第三次游戏（20 张圆片，每队 2 人）

游戏玩法：教师准备圆片 20 张。幼儿 2 人为一队。游戏前，将 10 张圆片紫色面朝上，10 张圆片粉色面朝上。游戏开始时，如果幼儿是粉队成员，就要想办法把紫色面朝上的圆片翻成自己队的粉色。所有的圆片都可以翻动。听到游戏结束的铃声时，不能再翻动圆片。

2. 比较数量，判断输赢

教师：这次，哪队赢了？

教师将两种圆片的数量和分布结果用图片呈现出来。

幼儿：粉色队。

幼儿：紫色队。

教师：圆片很多，不容易数清楚。你们有什么新的方法能把圆片数清楚吗？

幼儿：拿一个，数一个。

幼儿：将圆片按颜色分开，摆好了，再数。

3. 教师小结

小结：咱们把相同颜色的圆片摆成一排，然后点数，这样可以数得又快又清楚。

4. 记录游戏结果

教师：紫队有几张紫色面朝上的圆片，就请小朋友贴出相应数量的黑色圆点卡片。粉队记录的方法和紫队一样。两队比较数量之后，给数量多的一队奖励一张小星星贴纸。

活动延伸

教师：很多小朋友还想玩"翻翻乐"的游戏，可以两个小朋友一组继续玩，还可以去班里和好朋友一起玩"翻翻乐"的游戏。你们可以把游戏后总结的好方法都用上。

活动反思

（一）优点

1. 幼儿发展

教师通过层层递进的提问激发幼儿探索不同的数数方法。在活动中，幼儿能够尝试不同的数数方法，从单一地点一个、数一个，到拿走一个、数一个，最后变为分类后摆成一排、再点数等，积累了很多种数数的方法。

2. 教师发展

教师通过幼儿的操作与分享，帮助幼儿梳理并提升了数数经验。教师在活动中关注提问的启发性和层次性，让整个活动层层递减，环环相扣，让幼儿习得了多种数数方法。

本次活动内容还可以在区域活动、户外活动中开展。教师应鼓励幼儿大胆进行"翻翻乐"的游戏，积累、巩固在生活中运用多种数数方法解决问题的能力，提升并巩固幼儿的数学经验，发展幼儿的数学能力。

（二）不足

教师对本次活动中数数快又准的方法没有界定，主要考虑的是数数快又准的方法不是唯一的，要根据点数物品的情境和被数的物品数量来确定。

（作者：北京市海淀区富力桃园幼儿园　唐　柳）

活动四　毛毛虫小姐的鞋（中班集合与分类）

活动由来

最近，班里开展了劳动主题活动"中一班变形记"，孩子们想把班级变得 扫码看彩图 2-1-4　扫码看视频 2-1-4
更加干净、整洁。但是，在整理拖鞋架时，大家有了不同的意见和想法。伊伊把小朋友们的拖鞋一双一双随意地摆在拖鞋架上。多多说："我每次都要找好久，才能找到我的拖鞋。"芊芊说："我想把我的拖鞋放在第一层。这样，我就能很快找到它了。"旁边的乐康也加入了他们的讨论，说："第一排都放红色的，第二排都放蓝色的。"伊伊又问："鞋子的颜色太多了，咱们的鞋架只有四层，怎么办？"

在孩子们讨论拖鞋该怎么摆放的过程中，教师发现有些小朋友虽然有分类整理的意识，但是对鞋子怎么分类并不清楚。于是，教师基于幼儿解决实际生活问题的需要，借助绘本故事情境，设计了数学活动"毛毛虫小姐的鞋"。

活动目标

1. 能够仔细观察鞋子，发现鞋子的不同特征。
2. 能从不同的角度给一定数量的鞋子分类，并尝试说出分类的理由。
3. 喜欢玩鞋子分类的游戏，感受数学游戏的乐趣。

活动重点

仔细观察鞋子的不同特征，从不同的角度给一定数量的鞋子分类。

活动难点

尝试说出给鞋子分类的理由。

活动准备

1. 经验准备

幼儿读过绘本故事《毛毛虫的鞋》；幼儿有在生活中观察、认识鞋子的经验。

2. 物质准备

（1）幼儿操作材料人手 1 份。

（2）PPT 课件（图 2-1-7）。

（3）舞会音乐《兔子舞》。

（4）黄色和绿色的单层鞋柜和绿色的双层鞋柜。

（5）分类方式记录卡（图 2-1-8）。

（6）小黑板。

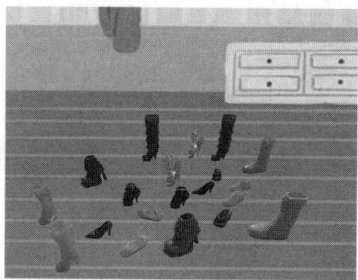

图 2-1-7

图 2-1-8

活动过程

（一）游戏导入"鞋子舞会"

1. 师幼一起跳鞋子舞

教师：今天，我们要一起参加毛毛虫小姐的鞋子舞会。跳舞的时候，小朋友们要找一个舞伴，这个舞伴的鞋子要和你的鞋子有相同的地方。当音乐响起时，请你们互相找舞伴、跳舞。当音乐停止的时候，请你们回到自己的座位上坐好。

教师播放舞会音乐《兔子舞》，师幼一起跳鞋子舞。

2. 幼儿分享自己的舞伴

教师：谁想来说一说，你是怎么找到舞伴的？

幼儿：我们的鞋子上都有这个标志。

幼儿：因为我们两个人的鞋子上都有鞋带，所以我们是舞伴。

幼儿：我们的鞋子前面都是圆圆的，我们就当舞伴了。

小结：谁的鞋子和我的鞋子有相同的地方，谁就可以成为我的舞伴。

（二）帮毛毛虫小姐找鞋

1. 观看 PPT 课件，观察鞋子的特征

教师：毛毛虫小姐为了参加舞会，买了很多新鞋子。咱们一起看一看，毛毛虫小姐都有哪些鞋子吧！

幼儿：毛毛虫小姐的鞋子有带翅膀的，还有鞋带。

幼儿：这双鞋子有跟，是高跟鞋。

幼儿：毛毛虫小姐有靴子，靴子上还有鞋带。

小结：毛毛虫小姐的鞋样式可真多！每双鞋子都有不同的特点。

2. 观看 PPT 课件，按要求找鞋

教师：毛毛虫小姐想穿一双高跟的、有带子的鞋子跳舞。可是，这么多鞋，她自己找不到，怎么办？

幼儿：我们可以帮她找。

幼儿：毛毛虫小姐想穿的是这双鞋。

教师：咱们一起看一看，这双鞋是不是毛毛虫小姐需要的鞋子？

幼儿：是，它是高跟的，还有鞋带。

教师将找对的鞋子用图示记录在小黑板上。

教师：还有谁能帮毛毛虫小姐找一找？

幼儿：毛毛虫小姐想穿的是这双鞋。

教师：咱们一起看一看，这双鞋是不是毛毛虫小姐需要的？

幼儿：不是，这双鞋只有高跟，没有鞋带。

教师：没找对，也没关系。我们再观察得仔细一些。

小结：你们都是热心肠的小朋友们，通过认真观察，帮助了毛毛虫小姐。

（三）帮助毛毛虫小姐整理鞋柜

1. 第一次整理

（1）出示鞋柜，引出分类整理的方法。

教师：这次幸亏有你们的帮助，毛毛虫小姐才能这么快地找到自己想要的鞋子。你们还有没有什么好办法，能让毛毛虫小姐自己快速地找到想要的鞋子呢？

幼儿想办法，并说出自己想的办法。

幼儿：告诉毛毛虫小姐要认真看。

幼儿：可以一双一双地找，不要着急。

幼儿：可以把这些鞋都摆整齐。

教师：你们的方法都特别棒！我这里有两个鞋柜，看看能不能帮到你们。

幼儿：可以把鞋整齐地放在鞋柜里。

幼儿：可以把高跟的鞋放在一个鞋柜里，不是高跟的鞋放在另一个鞋柜里。

幼儿：可以把有鞋带的放在一个鞋柜里，没有鞋带的放在另一个鞋柜里。

（2）幼儿自由操作材料，初步尝试分类整理。

教师：毛毛虫小姐的鞋子都在桌子上呢！你们快用刚才想出来的好方法帮她整理一下吧！

幼儿自由操作，教师巡回指导。

教师：你用的是什么好方法呀？你想把高跟鞋都放在黄色的鞋柜里。这双鞋呢？它是高跟的，还是平底的？

幼儿：它是平底的。

教师：那应该放在哪儿呀？

幼儿：应该放在绿色的柜子里。

（3）集体分享，总结分类方法。

教师：这是谁整理的？快和我们分享一下。

幼儿：我是按颜色分的，粉色的鞋子放在黄鞋柜里，蓝色的鞋子放在绿鞋柜里。

教师：这个方法可真好！你们谁的方法和他的一样？

教师：你们都是按照颜色的不同来整理鞋子的，特别棒！我们把这个方法记录下来。

教师：这是谁整理的？你来和我们分享一下吧！

幼儿：我按照高跟鞋和不是高跟鞋分开放的。黄鞋柜里都是高跟鞋，绿鞋柜里都是平底鞋。

教师：他用了一个新方法。你们谁和他的方法一样？

教师：你们都是按照鞋跟高度不同来整理的。我们把这个方法也记录下来。

教师：还有谁想来分享一下你的方法？

幼儿：黄鞋柜里放的都是高筒的鞋，绿鞋柜里放的都是矮一点儿的鞋。

教师：你想按照鞋筒的高度不同来整理鞋子。那这双鞋呢？是高筒的，还是矮筒的？可以放在这个柜子里吗？

幼儿：不可以，它是矮筒的。我放错了。

教师：待会儿，你按照你想的方法再试一试。

小结：你们帮毛毛虫小姐找到了这么多整理鞋子的好方法，你们真棒！我们可以按照鞋子的颜色、鞋跟和鞋筒的高度不同来整理鞋子。这下，毛毛虫小姐找鞋可方便多了！

2. 第二次整理

（1）再次操作材料，尝试从不同的角度分类。

教师：除了这些方法，你们还能想出其他整理鞋子的方法吗？

幼儿：我们还可以按照有没有鞋带来整理。

幼儿：还可以看看鞋子上的花纹。

教师：你们太棒了，又想到了这么多好方法！待会儿，请你们再去试一试，可以用别人的方法试试，也可以再想一想有没有更好的方法。

（2）通过"猜一猜"游戏集体分享，再次总结分类方法。

教师（出示任意一名幼儿整理的鞋柜）：这是谁整理的？你们来猜一猜，他用的是什么方法？

幼儿：我猜他是按照有鞋带和没鞋带的方法分的。

教师：他猜得对吗？

幼儿：不对。

教师：谁还想再猜一猜？

幼儿：我猜是按照鞋子光滑的和不光滑的分的。

教师：他猜得对吗？

幼儿：猜对了。

教师：那你给我们详细介绍一下你的新方法吧！

幼儿：我是看鞋底。有的鞋底有花纹，不光滑；有的鞋底什么都没有，很光滑。我把光滑鞋底的放在一个柜子里，不光滑鞋底的放在另一个柜子里。

教师：这个方法太了不起了！我们不仅可以观察鞋子的上面，还可以观察鞋底。咱们快把这个好方法记录下来吧！

教师在小黑板上贴上分类方式记录卡片。

小结：小朋友们又分享了这么多整理鞋子的好方法。回到家里，你们也可以用这些方法试着整理一下自己的鞋子。这样，我们的生活会更便捷！

（四）拓展延伸，再次分类整理

教师：毛毛虫小姐家里还有一个鞋柜。请你们看一看，这个鞋柜和刚才咱们用的鞋柜哪里不一样？

幼儿：这个鞋柜是两层的。

教师：如果把原来鞋柜里的鞋放到新鞋柜里，可以怎么放呢？快和你旁边的小朋友说一说有什么好办法。谁想到好办法了？请你来试一试。

小结：原来同一个鞋柜的鞋子还可以整理得更细致一些，这样找鞋子就更方便了。

教师：毛毛虫小姐特别感谢你们帮她整理了鞋柜。接下来，我们和毛毛虫小姐一起跳舞吧！

活动反思

（一）优点

1. 幼儿发展

教师敏锐地关注到中班幼儿讨论拖鞋如何放置的话题，并以此为契机设计了本次数学教育中的分类活动。除此以外，教师还为本次活动提供了幼儿感兴趣的操作材料——芭比娃娃的鞋子玩具。该仿真材料具有直观性，操作性也比较强。教师结合《毛毛虫的鞋》绘本中的故事情境，也激发了幼儿的探究兴趣。

活动中，教师非常注重幼儿数学语言的表达，在每次操作游戏的前后，教师都鼓励幼儿大胆表达自己的想法，借助图示的方式，引导幼儿说出完整的数学语言，帮助幼儿将抽象的逻辑思维具体化、可视化。尤其是幼儿第二次帮助毛毛虫小姐整理鞋柜时，教师加入了"猜一猜"的游戏环节，给幼儿提供了更多数学语言表达的机会。

2. 教师发展

教师把握住了中班幼儿的学习特点和学习方式。幼儿喜欢的学习方式一定是以直接经验为基础的，能用多种感官感知的，能与材料充分互动的，符合幼儿理解水平的。仿真鞋子玩具的实物操作支持了幼儿主动操作、大胆探究和积极表达。教师从幼儿熟悉的事物、可操作的材料出发，活动设计得有层次、有挑战性。同时，教师灵活运用数学游戏情境，更好地支持了幼儿理解数学、感知数学，激发了他们对数学的探究热情，而眼、耳、口、手、脑等多种感官的参与，充分发挥了幼儿的数学潜能，让抽象的数学形象化、具体化，生动而有趣。

（二）不足

活动中，教师对幼儿学习过程关注不足，应该先让幼儿自己分类，分完以后再分享方法，找到分类过程中出现的具体问题，也可以完整地观察到幼儿的学习过程。

（作者：北京市海淀区富力桃园幼儿园　陈凯鑫）

活动五　花妖精的生日派对（大班模式）

活动由来

本次活动的设计灵感来源于孩子们在日常活动中出现的问题。教师发现本

扫码看彩图 2-1-5　　扫码看视频 2-1-5

班幼儿特别喜欢玩规律排序游戏，无论是户外的落叶还是班里的拼插玩具，他们都喜欢以各种模式来复制和扩展，并且玩得还很顺畅。但是，在一次过渡游戏环节，教师发现他们在模式的填充上有一定的困难。为了能让幼儿更灵活地运用规律解决问题，教师结合绘本故事《花妖精的生日派对》设计了本次活动。

活动目标

1. 能够进行较为复杂模式的填充。
2. 能大胆推理、判断，与同伴合作进行模式的创造。
3. 喜欢参与穿花灯的游戏，体验为他人准备生日会的幸福感。

活动重点

尝试按照一定的规律给小花排序。

活动难点

能通过推理判断规律排序，能按规律装饰花灯。

活动准备

1. 经验准备
（1）幼儿在区域游戏、户外游戏和集体游戏中多次感知与体验模式游戏。
（2）幼儿有举办生日派对的生活经验，喜欢参加生日派对。

2. 物质准备
（1）红色和黄色的小花贴纸若干。
（2）花灯 4 串，花灯支架 8 个。
（3）摸袋 4 个。
（4）《花妖精的生日派对》PPT 课件。
（5）小黑板。

活动过程

（一）情境导入，激发兴趣
1. 认识花妖精，发现小花园周围有规律的事物

教师：嗨，小朋友们好！我是花妖精姐姐。今天，我想邀请你们参加我的生日派对。你们知道吗，我喜欢一切有规律的事物。看，这是我家的花园，你们发现了什么？

幼儿：我看到房顶上的花是一串棕色一串紫色一串黄色、一串棕色一串紫色一串黄色的。

幼儿：我看到下面的小花也是有规律的排列着。

教师：哇，小朋友们发现了这么多有规律的事物，真厉害！

2. 情境游戏"按规律铺鲜花路"

游戏玩法：花妖精请幼儿自己铺一条鲜花路，去它的家里参加生日派对。幼儿自取两种颜色的小花贴纸，按三个一组的规律铺设鲜花路（图2-1-9）。

教师：要想来参加我的生日派对，你们需要经过一条有规律的鲜花路。快看看，我这里有什么？用它们可以做什么呢？如果让你们铺一条3朵小花为一组、不断重复的小路，你们想怎么铺？

幼儿：我想铺红红黄、红红黄、红红黄这样的小路。

幼儿：我想铺黄红红、黄红红、黄红红这样的小路。

教师：那你们快去试一试吧！

小结：原来两种颜色的小花可以铺出这么多条不同的鲜花路。

3. 通过鲜花路，来到花妖精的家

教师：在你们铺鲜花路的时候，我也铺了一条鲜花路，走过这条鲜花路，就可以到达我的家了。因为我喜欢一切有规律的事物，所以你们也要有规律地通过鲜花路。谁想第一个来我家？

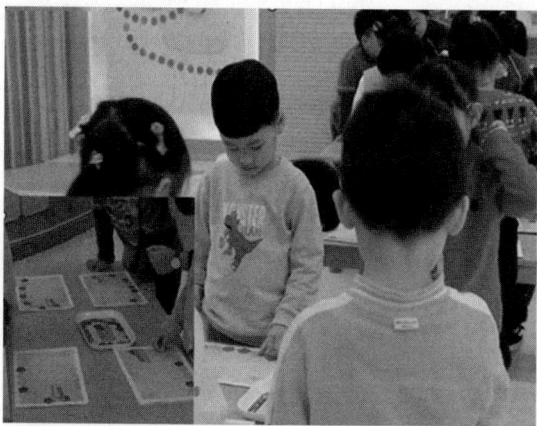

图2-1-9

（二）装饰花灯，玩规律填充游戏

1. 装饰花灯，按照集体商定的规律装饰花灯

花妖精提出请求，请全体幼儿帮忙。幼儿集体选定装饰花灯的方法，轮流在摸袋中摸出两朵小花，粘贴在花灯上。

教师：欢迎你们来我家，我为生日派对准备了很多彩灯。但是，我觉得它们还不够漂亮。你们能用这些小花帮我有规律地装饰花灯吗？那你们想用哪种规律来装饰花灯？

幼儿：第一个、第二个、第三个……

教师：好，那我们就从第一个规律模式开始。首先，你们需要从这个摸袋里摸出两朵小花，然后，按照这个规律把它粘到花灯上。

2. 集体商量装饰花灯的规律，玩规律填充的游戏

教师：你摸到了什么颜色的小花？

幼儿：两朵黄色的小花。

教师：你要装饰的花灯是什么规律？

幼儿：黄红红三个一组、不断重复的规律。

教师：那这两朵小花，你想怎么粘？为什么中间要空出两个位置？

幼儿：因为这两个位置是两朵红色小花的。

教师重点关注幼儿是否能按照规律粘贴小花，并请幼儿说出粘贴小花的理由。

教师：我发现你在粘贴小花之前，用小手指着小花，一朵一朵地数了一遍，这是为什么呢？

幼儿：我在按照黄红红的规律排，这样就知道手里的小花应该粘贴在哪里了（图2-1-10）。

小结：我们要认真观察，找出规律，并且按照规律来装饰花灯，这样就能帮助花妖精了。

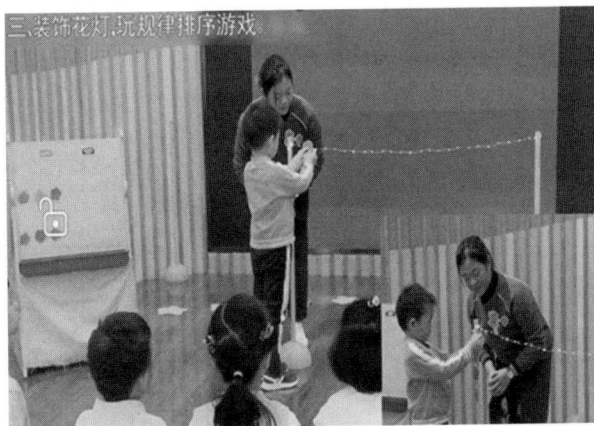

图2-1-10

（三）装饰更多的花灯，合作完成规律填充游戏

1. 情境创设：花妖精的新请求

教师：哇！这一串花灯装饰得太漂亮了，我太开心了！但是，我们的生日派对只有一条花灯是不够的，还需要装饰更多的花灯。

2. 按照新请求装饰花灯

教师出示3条空白的花灯。幼儿分为3组，合作完成规律填充游戏。

教师：接下来，小朋友们分成3组，按照刚才的玩法，同时装饰花灯，看看哪组小朋友最先装饰完。小朋友们4个人一组，每组的小朋友从右往左数依次为1号到4号。一会儿，我们先从每组的1号开始，轮流到前面装饰花灯，听明白了吗？

幼儿：听明白了。

教师：这次，你们想按什么规律来装饰花灯？请同组的小朋友们一起商量，并把规律模式画在记录纸上。注意不要让其他组的小朋友看到你们的规律模式。画好之后，就可以按顺序开始游戏啦！最后，我们看看，其他组的小朋友能不能找出你们的规律模式？

每组幼儿按照1号到4号的顺序轮流从摸袋里摸出小花，每次摸两朵小花，填充在花灯上，装饰完成后，集体进行验证。

教师：3组的花灯都装饰好了。咱们一起来看看吧！这组花灯有什么规律呢？

幼儿：是黄黄红、黄黄红3个一组，不断重复的。

教师：再来看看，这组小朋友的花灯有什么规律？

幼儿1：红黄、红黄、红黄。

教师：几个一组？

幼儿1：2个一组。

幼儿2：不对，我们是3个一组。

教师：那你们自己说说，你们的规律是什么？

幼儿2：红黄红、红黄红、红黄红3个一组，不断地重复。

教师：你们发现这串花灯的问题了吗？请你们自己到前面把有问题的小花摘下来，然后重新装饰一下。

这组幼儿重新装饰好花灯后，大家进行二次验证。

教师：为什么你们组完成得又好又快？

幼儿1：因为我们组的每个人动作都很快，第一个人贴好后，第二个人快速地跑过去粘贴。

幼儿2：因为我把规律记住了，每次装饰前都数一数再贴。

小结：想要装饰好花灯，我们要记住规律，也可以从头数规律。同组的小朋友也要仔细看，团结合作，按照正确的顺序来粘贴小花。

(四)派对舞蹈，结束活动

教师：花灯全都装饰好了。派对开始啦！咱们一起跳舞吧！花妖精喜欢一切有规律的东西。那你们能不能让你们的舞蹈动作也变得有规律呢？快来试一试吧！

活动延伸

1. 可以投放更多不同颜色的小花，鼓励幼儿创造更多不同的规律模式并记录，丰富幼儿的模式经验。

2. 还可以与绘本相结合，鼓励幼儿利用规律模式续编故事，发展想象力和语言表达能力。

活动反思

(一)优点

1. 本次活动将绘本《花妖精的生日派对》的故事情节贯穿始终，调动幼儿参与游戏的积极性和主动性。活动中，幼儿参与度非常高。

2. 活动环节层层递进，任务难度层级适宜，都在大班幼儿的最近发展区内，既符合幼儿的已有经验，又有一定的挑战性。

3. 活动中，教师采用多种组织方式，并注重发挥各自优势，具体采用了个体操作、集体游戏和小组游戏三种形式，每种形式都能从不同的角度观察幼儿和引导幼儿进行多种学习。个体操作旨在观察幼儿三个一组的模式创造能力，教师能从中了解到接下来需要重点关注的幼儿；在集体一起装饰花灯的游戏中，解决了幼儿的共性问题，引导幼儿学会按照规律模式正确粘贴小花贴纸的方法；小组游戏旨在鼓励幼儿向同伴学习，合作完成游戏任务，符合大班幼儿的年龄特点。

4. 本次活动中，幼儿积累的学习经验可以在生活中得到广泛应用，比如，在班级和家庭的环境创设中，让幼儿了解有规律的装饰会让我们的生活环境变得更加漂亮。

(二)不足

活动中，如果教师能在幼儿操作后为他们提供更多的表达机会，就更好了。

（作者：北京市海淀区富力桃园幼儿园 贾凌云）

活动六 公主殿下来的那天（大班比较与测量）

活动由来

近期，教师发现孩子们有了测量的意识，知道测量物体的长度时，要用同一物品进行测量，量的时候要首尾相连。但是有关面积的测量，幼儿接触得不多，也不能很好地理解面积守恒的概念。为了丰富孩子们比较与测量的经验，教师结合绘本故事《公主殿下来的那天》，设计了本次活动。

扫码看彩图 2-1-6　　扫码看视频 2-1-6

活动目标

1. 运用数数、比较、测量等方法解决问题，找到面积最大的房子。
2. 通过拼摆和操作，初步感知什么是面积守恒。
3. 乐于思考，能大胆地用数学语言表达自己的想法。

活动重点

运用数数、比较、测量等方法解决问题，找到面积最大的房子。

活动难点

通过拼摆和操作，初步感知什么是面积守恒。

活动准备

1. 经验准备

玩过拼图形的游戏。

2. 物质准备

（1）3座不同造型的房子底板各 3 块（图 2-1-11）。

（2）5 种颜色的积木若干。

（3）绘本故事《公主殿下来的那天》PPT 课件。

（4）同样大小的地垫 24 块。

（5）教师画好的 2 种记录单（图 2-1-12）。

（6）房子设计图。

（7）小黑板、展示架、展示台、黑色水彩笔。

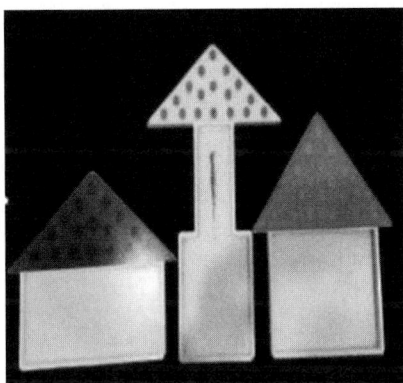

图 2-1-11

图 2-1-12

活动过程

（一）绘本情境导入，激发兴趣

教师：小朋友们好！我是公主殿下的朋友伊伊。公主殿下要来咱们班做客，她还会住在这里，你们开心吗？那我们可以为她准备一些什么呀？

幼儿：准备一块漂亮的桌布。

幼儿：准备一身裙子。

幼儿：我要给她盖一座豪华的大房子。

幼儿：我要给公主准备珠宝首饰。

教师：你们想得真周到！你们既热情又好客，都想把最好的、最漂亮的物品送给公主。那小朋友们一起看看，我给公主准备了什么。

1. 出示绘本图片，直接观察、比较

教师：你们先来看看我给公主准备的东西吧！瞧，这里有两张床，看看哪张床更适合给公主用。

幼儿：左边的床，因为床很大。

教师：你怎么看出来左边的床比右边的大呢？

幼儿：因为左边床上的垫子比右边的垫子多。

小结：同样大小的垫子。垫子越多，床越大；垫子越少，床越小。

教师：大床，我们留给公主用。小床，留给小朋友们用。但是小床太小了，没法让这么多的小朋友都躺在上面。不过，没关系，我这里还有一些小垫子。看看这些小垫子，它们一样大吗？

幼儿：一样大。

教师：一共有几块？

幼儿：2、4、6、8。

教师：一会儿，你们能用相同的 8 块小垫子铺一张不同形状的床垫吗？

幼儿：可以。

教师：现在，4 个小朋友为一组，每组有 8 块相同的垫子。请你们为本组的小朋友们设计一张舒服的床垫，好不好？

2. 床垫拼摆游戏，摆一摆、比一比

幼儿分成 3 组，用紫色地垫为本组幼儿拼床垫并分享自己的发现。

教师：小朋友们都铺好床垫了。哪组小朋友先来分享一下？

幼儿：我们用 8 块垫子拼出了一张火箭造型的床垫。

教师：接下来，咱们去另一组参观吧！

幼儿：我们用 8 块垫子拼出了一张像机器人一样的床垫。

教师：谢谢小朋友们的分享，请回到座位上坐好。

小结：原来同样数量的 8 块垫子，可以摆出不同的造型，但是摆出来的床垫大小都是一样的。

（二）操作游戏：找最大的房子

1. 观察 3 座房子，猜测房子的大小并说出相应的理由

教师：刚才，有的小朋友说还要给公主准备大房子。这里有 3 座房子模型，你们觉得哪座房子大？这次可以用什么来判断大小呢？

幼儿 1：中间的，因为它是最大的。

教师：你怎么看出来它是最大的？

幼儿 1：因为它最高，所以最大。

教师：有没有和这个小朋友想法不一样的？

幼儿 2：右边的房子最大，因为它比左边的高。

幼儿 3：我觉得左边的房子大，因为它这里最宽。

2. 提供测量工具进行比较

教师：你们可以用自己的方法或其他小朋友分享的方法比一比哪座房子大。这里有一张记录单，可以帮助你们统计使用的砖块（也就是积木）数量。

规则：

（1）幼儿 4 人一组，每组 3 座不同的房子底板。

（2）每组幼儿用积木分别将 3 座房子底板铺满后，比一比哪座房子最大。

3. 分享发现

教师：哪座房子最大？你们是怎么比的？

幼儿：我们组用了绿色的砖块，拼出了三座房子，每座房子都用了 6 块砖。

教师：房子大小怎么样？

幼儿：一样大。

幼儿：我们组用了橘色长方形的砖块拼的房子，每座房子都用了 12 块，房子一样大。

幼儿：我们组用了黄色正方形的砖块拼房子，每座房子都是 24 块，所以房子一样大。

小结：房子模型不一样，但是在每组的比较中，大家发现它们的面积都是一样大的。

（三）操作游戏：为房子铺砖

1. 为公主殿下的房子铺砖

教师：这次，我们虽然没有找到最大的房子，但是没关系，我这里还有一些房子的设计图。我们再一起找一找，哪张房子的设计图最大，就给公主殿下盖哪座房子。但是，我这次没有那么多的砖块了。你们有什么好方法，可以测量出房子的大小吗？

幼儿：可以用一块砖块，然后移动它，就可以了。

2. 提供测量工具，铺砖

教师：我这里只有粉色的砖块，你们可以用刚才那位小朋友说的方法，给每座房子铺砖块。每组还有一张记录单，方便小朋友们记录铺了几块砖。

规则：

（1）幼儿分为 3 组，每组一张房子设计图，给房子铺砖块。

（2）每组幼儿商量、讨论，尝试在房子的设计图上铺砖块，及时记录，分享结果。

3. 分享结果

教师：这次，你们发现了什么？你们组怎么数出来房子铺了多少块砖？

幼儿：我们先把上面的 4 块拼好，下面露出来的地方没有铺，只是用眼睛一看，认为是 4 块，4 加 4 等于 8。

教师：请你们组的小朋友把空缺的地方用砖块补上，验证一下一共是不是8 块砖。

幼儿：我们组是先拼好 2 块，再把另外的 2 块移动一下，就测量出我们组的房子用了 8 块砖。

教师：你们这个移动砖块的方法真好！赶紧把这个方法记下来。

幼儿：我们组先用 2 块砖拼好，再把剩下的拼在一起，再用这 2 块砖往下面拼。我们拼出了 10 块砖。

教师：那最大的房子是什么颜色的房子呀？

幼儿：黄色！

教师：恭喜你们成功啦！

小结：我们了解到在用相同数量的砖块拼房子的时候，虽然砖块数量不够，但是也可以想出办法来比较房子的大小。房子面积越大，用的砖块数量就越多。我们就拿着最大面积房子的设计图，一起去给公主盖房子吧！

（四）结束活动

教师：除了房子，我们还可以为公主准备地毯、桌子、椅子等，到底哪个更大、更好呢？用你们学会的方法试试吧！

活动延伸

教师可以鼓励孩子们想办法量一量生活中其他的物品，如桌椅、玩具、衣服等，丰富幼儿的测量经验。还可以继续与绘本内容相结合，为公主准备其他用品，摆一摆、量一量，合理搭配，发展幼儿的想象力和语言表达能力。

活动反思

本次活动中，幼儿的参与度很高。每个人都能积极地为公主想办法解决问题，尤其是在为公主选择床的时候，能够把最大的床送给公主，也体现了孩子们谦让、与人为善的良好品质。每次小组合作的过程中，孩子们都能明确分工，有人负责铺砖块，有人负责记录砖块的数量，有人负责点数，体现了大班幼儿的合作能力。在语言表达方面，幼儿缺乏语言表达的完整性和逻辑性。教师运用绘画简单符号的方式，帮助幼儿学会了用数学符号表达自己的想法。

（作者：北京市海淀区富力桃园幼儿园 尹 伊）

第二节 区域活动

活动一 纸杯游戏（小班几何图形）

（一）材料介绍

纸杯若干、彩色图形卡纸若干、图形骰子。

（二）游戏指向的数学核心经验

图形，涉及图形特征、图形匹配。

扫码看彩图 2-2-1　扫码看视频 2-2-1

（三）幼儿在数学模块中的发展轨迹

从拓扑图形到欧氏图形→从局部、粗糙的感知到较为精准的辨认→抽象能力随幼儿年龄的增长而提高。

（四）第一阶段游戏：纸杯放烟花

1. 投放材料

纸杯若干，彩色圆形、三角形、正方形、长方形纸片若干，相应图形标记的盒子。

2. 幼儿第一次游戏

毛毛和馨怡选择了数学区，他们想玩放烟花的游戏。两人拿出纸杯，把各种形状的彩色纸片放入纸杯中。他们发现纸杯杯身上有一个小孔，于是，对着纸杯孔吹气。毛毛使劲儿一吹，纸片一动不动。他又试着吹了两次，结果纸片还是一动不动。毛毛倒转纸杯，把图形纸片撒出来，边撒边说："飞出来啦！飞出来啦！"馨怡看着毛毛直接撒纸片，也对着纸杯孔使劲儿一吹，结果各种形状的纸片从纸杯里飞了出来，扑在了自己的脸上。两人哈哈大笑起来。接下来，两人一起把落下来的纸片分别按形状放进相应图形标记的盒子里。

3. 发现问题

（1）纸杯杯身的小孔位置不能离杯口太近。幼儿在吹气的时候，纸片容易扑到脸上，影响游戏效果。

（2）对于肺活量相对较弱的幼儿，这个游戏的体验感较差，吹不动纸片。

（3）游戏的挑战性不够。第一次游戏投放的形状纸片是大小相同的红、黄、蓝三种颜色的纸片，材料之间只有颜色的区别。游戏中，幼儿能快速地辨别图形特征，将其分别放入相应的盒子里。对于小班幼儿来说，这个操作过于简单，缺乏挑战性。

4. 调整

（1）准备不同的纸杯，纸杯杯身的小孔位置适当靠近底部。

（2）对于肺活量相对较弱的幼儿，可以将纸杯孔剪得稍大一些，便于幼儿操作。

（3）投放的不同形状纸片可以分为 3 种类型：第一种是颜色相同、形状不同的纸片，如红色的圆形、红色的正方形和红色的三角形等；第二种是形状相同、颜色不同的纸片，如蓝色的圆形、黄色的圆形和红色的圆形；第三种是同时具备颜色和大小两种属性不同的 3 种图形纸片（形状分别是圆形、正方形、三角形），准备不同分类标记的盒子，供幼儿分类使用。

5. 幼儿第二次游戏

丁丁和浩浩也来到了数学区。他们也想玩放烟花的游戏。两人一人拿起一个纸杯。浩浩说："我要放个蓝色的，再放个红色的。"他边说边往纸杯里放了一张蓝色的三角形纸片和一张红色的圆形纸片。丁丁说："我要放彩色的烟花。"说完，他抓了一大把五颜六色的形状纸片放入纸杯中。两人装好后，开始吹起来（图2-2-1），桌子上飘落了各种颜色的纸片。丁丁把喜欢的图形往自己面前拨弄，边收边说："红色的、蓝色的，都是我的。这里还有大的三角形、小的三角形，都是三角形。"

（五）第二阶段游戏：纸杯套套乐

1. 投放材料

底部贴有各种形状的纸杯若干、无色的图形骰子一个。

2. 幼儿第一次游戏

多多和豆豆一起游戏，两人将所有纸杯口朝下，倒置在桌子上，露出纸杯底部各种颜色的图形。多多先掷骰子，他掷到了一个三角形。两人同时准备套纸杯。多多拿起一个贴有红色三角形的纸杯，套住了另一个贴有红色三角形的纸杯。他认真地找了找，没有找到更多的红色三角形纸杯，多多停止了套纸杯的动作。豆豆边套边说："是找三角形。"他拿起一个贴有黄色三角形的纸杯，套住了贴有红色三角形的纸杯，接着，又去套贴有蓝色三角形的纸杯。不一会儿，所有贴着三角形的纸杯都被豆豆套走了。

3. 发现问题

多多认识不同形状的图形，在许多图形中能辨识出三角形，但是在游戏中，受到颜色的干扰，只套出了红色三角形的纸杯。豆豆已经能排除颜色的干扰，把握图形的基本特征玩游戏。教师通过对幼儿游戏情形的观察，可以看出，两个幼儿处于游戏的不同阶段。下一步，需要投放有更多不同特征的图形骰子，以便满足不同幼儿的游戏需求。

4. 调整

投放更多的骰子，如颜色骰子、形状骰子等，供幼儿选择。

5. 幼儿第二次游戏

材料进行调整后，幼儿的选择更多了。这天，东东和麦兜来到了数学区。他们一起选择了掷颜色骰子玩游戏，比赛找出相同颜色的纸杯，看谁找得多。玩了一局之后，两人又同时掷颜色骰子和形状骰子，快速地找到与掷出骰子相应颜色和形状的纸杯（图2-2-2）。最后，在麦兜的提议下，两人只掷无色的形状骰子，找出同一形状、不同颜色的纸杯。两人把几个不同的骰子都试了试。麦兜说："咱们还可以玩一个新的游戏。我说出一个想要的纸杯，你帮我把它找出来。"教师表扬了麦兜，帮助麦兜记下了他创编的新玩法，并鼓励麦兜在区域评价环节和其他小朋友分享。

图 2-2-1

图 2-2-2

6. 拓展玩法

（1）图形拼拼乐：幼儿玩"纸杯放烟花"的游戏时，可以用飘落的形状纸片进行拼摆组合，看看谁能拼出不一样的图形。

（2）纸杯叠叠高：在"纸杯套套乐"的游戏中，两名幼儿可以将自己套住的纸杯摞在一起，比一比，看看谁的纸杯摞得更高。

（3）纸杯塔：在"纸杯套套乐"的游戏中，幼儿还可以用套住的纸杯搭建纸杯塔，看谁搭得高。

（六）活动反思

1. 开放性游戏，促进幼儿图形认知

不论是"纸杯放烟花"的游戏还是"纸杯套套乐"的游戏，通过掷骰子玩游戏，随机性都非常强，玩法也很开放，材料准备也很简单。幼儿在反复观察、摆放、寻找、辨识图形的游戏中，能够巩固认识圆形、正方形、三角形等基本图形，逐步理解平面图形的基本特征；为后续不受图形大小、摆放位置的影响，正确辨认图形、学习图形守恒积累相关经验；能对相似的平面图形进行比较，理解图形之间的简单关系；对参与平面图形组合和立体图形拼搭活动表现出积极性和创造性。

2. 一物多玩，提升幼儿操作经验

纸杯和简单的图形纸片在幼儿园里很常见，有着低结构材料的特性。幼儿可以通过自由组合、拆分玩等来表征自己的经验，这一游戏也赋予了幼儿更多自由想象和数学操作的空间，减轻了教师准备材料的负担，最大化地发挥了材料的利用价值。

（作者：北京市海淀区富力桃园幼儿园 何 丹 孙 敏）

活动二 彩色小豆豆（小班模式与规律）

（一）材料介绍

两色吃豆管（图2-2-3）、绳子和彩色小豆子（图2-2-4）、游戏竹片卡（图2-2-5）、贪吃蛇游戏卡（图2-2-6）、颜色骰子（图2-2-7）。

扫码看彩图2-2-2　　扫码看视频2-2-2

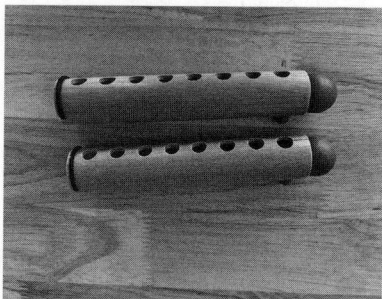

图2-2-3

图2-2-4

图2-2-5　　　　图2-2-6　　　　　　图2-2-7

（二）游戏指向的数学核心经验

模式，涉及模式与规律。

（三）幼儿在数学模块中的发展轨迹

识别模式→复制模式→填充模式→扩展模式→创造和转换模式。

（四）第一阶段游戏

1. 投放材料

两色吃豆管、绳子、彩色小豆子若干、游戏竹片卡。

2. 幼儿第一次游戏

教师开始讲述游戏规则："小朋友自选一根吃豆管，根据游戏竹片卡上的规律吃豆子。"两个小朋友选择了自己最喜欢的吃豆管。萱萱（女孩）选择了红色吃豆管，小鱼（男孩）选择了蓝色吃豆管。

游戏开始后，小鱼拿着手里的吃豆管，开始一颗一颗地"吃"豆子。萱萱看到小鱼开始将彩色的豆子一颗一颗地"吃"到管子里，也开始进行操作。只听小鱼边玩边说："我吃得比你快！"萱萱抬头看了看小鱼，也加快了动作。一分钟后，小鱼高举手里的吃豆管，说："我完成了，耶！"小鱼话音刚落，萱萱也完成了。两个小朋友并没有按照游戏竹片卡上的规律"吃"豆子，而是随机地给吃豆管"吃"了豆子。

3. 发现问题

游戏中，孩子们聚焦的问题在于：忽视游戏规则，只对给吃豆管"吃"豆子感兴趣，对于按规律玩玩具不感兴趣。

4. 调整

（1）设计游戏情境，引发幼儿兴趣。

（2）调整规律游戏的玩法，增加模式规律小蛇游戏卡片两张。

5. 幼儿第二次游戏

将最开始的两人一张模式规律卡调整为两个小朋友每人一张一样的模式规律卡，两个小朋友来比赛，看谁"吃"的小豆子和规律卡片的内容一致就算获胜。游戏开始后，小鱼认真地看了一下规律卡，并读了出来"红绿、红绿、红绿"，然后就按照他读的规律给吃豆管"吃"小豆。而萱萱则是看一下颜色规律卡，"吃"一颗相应的豆子，再看一眼，再"吃"一颗（图2-2-8、图2-2-9）。不一会儿，小鱼先完成了挑战，并自己验证了一下结果，发现和规律卡片上的一样。而几秒钟后，萱萱也完成了挑战，通过验证发现自己的吃豆管和规律卡片也是一致的。两个小朋友都成功了。

图2-2-8

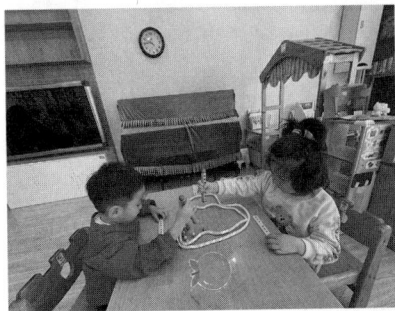

图2-2-9

（五）第二阶段游戏

1. 投放材料

绳子、彩色小豆子若干、游戏竹片卡、贪吃蛇游戏卡。

2. 幼儿第一次游戏

本次游戏加入了贪吃蛇形象的游戏卡片。幼儿看到小蛇的卡片很感兴趣，还进行了比较，看看谁的小蛇底卡更长，发现一样长短后，两人开始进行了一种模式规律的比拼。两个小朋友每人一条一样规律的游戏竹片卡，然后开始游戏。只见，萱萱这次学会了小鱼上次游戏的玩法，也是先识别模式规律，她说出了模式规律"红黄红黄红黄"，然后开始边读边用小手捡围在绳子里的豆子。小鱼的速度比萱萱的速度快一些，因为比较着急，中途小蛇掉在了地上，个别豆子也掉落了，他只能重新开始填补豆子。很快，两条小蛇的肚子填满了。两个小朋友开始按照游戏竹片卡上的规律数豆子了，中途出现了模式规律排序错误的情况。

3. 发现问题

幼儿只能识别模式规律，对模式规律的扩展掌握得不熟练。

4. 调整

教师在贪吃蛇的底板上画出格子，让幼儿清晰地识别出第一组的模式规律，然后在后面扩展模式规律。

5. 幼儿第二次游戏

教师帮助幼儿进行模式规律的扩展，重点应该是让幼儿了解每一组单元的模式，按照一组的模式规律重复排列。幼儿往往在游戏中忽略了模式规律，只关注将小蛇的肚子填满豆子。为了让幼儿关注模式规律，教师加入了一句小蛇的台词："我想吃有规律的小豆子。"让幼儿根据小蛇的要求进行模式规律扩展。幼儿在心中有目标的同时，还能在玩中感受模式规律带来的排列组合。

两个幼儿在后续的游戏过程中果然关注到模式规律，在排列两个模式为一组的时候，能够按照范例中的模式规律进行排列，但是中途还需要有一到两次的调整。游戏有了情境的创设，幼儿更愿意给小蛇喂带有规律的小豆子了。

6. 拓展玩法

为了巩固幼儿对模式规律的掌握，还可以创设以下几种玩法：

（1）小蛇吃豆：用豆子填饱小蛇的肚子，需要先识别小蛇肚子里的模式规律是什么，然后进行填充。

（2）小蛇对对碰：两人可以掷颜色骰子，当掷出蓝色时，就给蓝色小蛇吃一颗豆子；当掷出红色时，就给红色小蛇吃一颗豆子。最后，比一比哪条小蛇最先按照规律吃完豆子。

（六）活动反思

1. 丰富游戏材料，激发幼儿兴趣

小班幼儿的年龄特点决定了他们对情境化游戏感兴趣。幼儿对周围世界充满了浓厚的兴趣，对新鲜事物有着强烈的好奇心，喜欢操作、摆弄，同时也能认真看、听成人讲解，并试着改变玩法，看到新奇的事物会主动接近，探索其中的奥秘。

2. 与情境互动，提升幼儿思维能力

幼儿游戏内容具有情境性、操作性和游戏性的特点。幼儿在游戏中很喜欢给吃豆管吃豆子。当贪吃蛇游戏卡和喂小蛇吃饭的情境出现后，幼儿更愿意投入游戏。幼儿会在游戏中边操作边说"我喂小蛇吃豆子"，不断地去思考和游戏。在游戏中，幼儿对贪吃蛇的游戏情境很感兴趣，一方面想赶紧喂饱小蛇，另一方面还要开动脑筋，想一想要按照怎样的规律给小蛇吃豆子。

（作者：北京市海淀区富力桃园幼儿园　尹　伊）

活动三　开锁找家（中班数概念）

（一）材料介绍

锁和钥匙、动物卡片、楼房底板（图2-2-10），空白游戏底板（5排3列）、玩具筐。

图2-2-10　　　　　扫码看彩图2-2-3　　　扫码看视频2-2-3

（二）游戏指向的数学核心经验

数概念与数运算，涉及数字的用途、数字的含义（序数、命名数）等。

（三）幼儿在数学模块中的发展轨迹

对数量的感知、操作阶段→数词和物体数量之间建立联系的阶段→简单的实物运算阶段。

（四）第一阶段游戏：开锁

1. 投放材料

锁（一面贴有 1～20 不同数量的星星，一面贴有门牌号）、钥匙（一面贴有 1～20 不同的数字，一面贴有门牌号）、空白游戏底板（5 排 3 列）（图 2 - 2 - 11）、玩具筐。

2. 幼儿第一次游戏

笑笑和乔乔来到数学区，选择了这款玩具。他们一人拿着一把锁，分别用手指点数锁上星星的数量，然后在玩具筐里不断地翻找钥匙，找到对应数字的钥匙后，将玩具锁打开（图 2 - 2 - 12）。两个人开心地相视一笑，接着去开下一把锁。当全部的锁都打开后，两人又将打开的锁一个一个地扣接在一起。然后，随机地拿起一把钥匙，逐个尝试开锁。

图 2 - 2 - 11

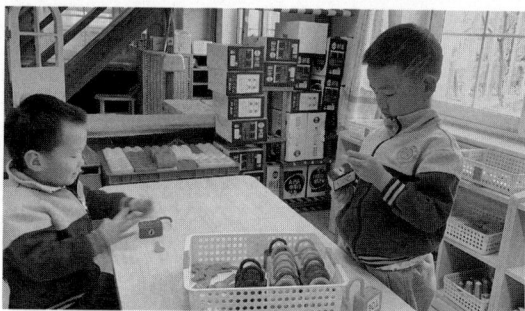

图 2 - 2 - 12

3. 发现问题

（1）幼儿对游戏的兴趣持续时间较短，游戏玩法较为单一，只热衷于开锁、关锁。

（2）幼儿只关注到锁上星星的数量和钥匙上数字之间的对应关系，通过点数星星的数量完成开锁的游戏任务，却忽视了玩具锁上的数字"201""103"等信息。

4. 调整

（1）给游戏加入情境（如开锁找家），游戏底板调整为 5 排 4 列的楼房造型（图 2 - 2 - 13）。

（2）引导幼儿思考玩具锁上数字的含义。

5. 幼儿第二次游戏

这一次，乔乔和笑笑还是选择了这个开锁的玩具。两个小朋友先是拿出锁，再点数锁上星星的数量，接着找到对应数字的钥匙，打开锁后，将锁随机地放在了楼房底板中。当所有的锁全部打开后，笑笑拿起其中一个锁（锁上标记着"401"），说道："这个上面有 5 个点点，为什么后面的数字不是 5 呢？"乔乔说："我知道这是什么，这个是它的号码。"说完，乔乔从底板的右下角向上逐个点数房间："1、2、3、4……是 4，这就是它的位置。"乔乔将锁放到了第 4 排第 2 个房间的位置上。这时，笑笑指着旁边的格子（4 排 3 列的位置），说："不对，不对，这个锁应该在这个格子里吧！"乔乔："不对，我从这儿再走一遍。"乔乔又点数了一次，说道："你看，就是这里。"笑笑看后，点点头，同意了乔乔的说法（图 2-2-14）。

图 2-2-13

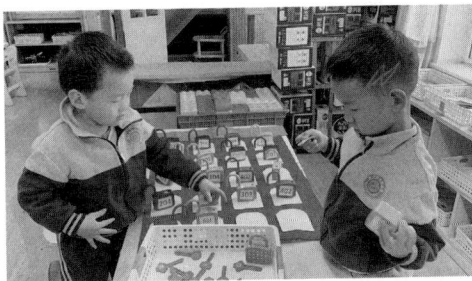

图 2-2-14

（五）第二阶段游戏：小动物找家

1. 投放材料

无门牌号的楼房底板、动物卡片、带门牌号的锁（图 2-2-15）。

图 2-2-15

2. 幼儿第一次游戏

小鱼和小斐一起玩开锁的游戏，他们先是摆好了小动物的卡片。这时，小鱼发现了锁上的数字，他对小斐说道："这些数字是什么意思呢？"小斐说："我觉得这应该是房间的门牌号码，我们家的门牌号就是402。"说完，小斐从小鱼的手中拿过锁具，一边用手指从下向上点数："1、2、3、4。"接着，又从左向右依次点数："1、2，就是这里了。"说完，小斐便将锁具放到了第4层的第2个格子里。小鱼则是一直拿着手中的锁具，迟迟没有放下。

3. 发现问题

两个幼儿都发现了锁具上的数字，并对此产生了好奇。小斐在观察后，能够结合已有生活经验进行数学知识的迁移，理解了序数与数字的关系并正确运用。小鱼虽然关注到了数字，也有游戏的欲望，但并未真正理解序数与数字之间的关系。可见，无房间序号的楼房底板对于幼儿来说有一定的难度，不能满足个别幼儿游戏的需求。

4. 调整

（1）加入数字提示，引导幼儿理解数字与位置的对应关系，如在底板左侧和上面均标记数字，旨在引导幼儿游戏。

（2）加入箭头提示，引导幼儿按照一定的方向查找房间所在的序号位置（图2-2-16）。

5. 幼儿第二次游戏

材料调整后，能力较弱的幼儿可以根据楼房底板左侧和上面的数字标记来摆放锁具，从而理解数字与位置的对应关系。能力较强的幼儿可以根据楼房底板上的箭头，按照箭头指示的方向寻找锁具的位置。一天，豆苗和佳佳拿起了这套玩具。两个小朋友先是将小动物随机地摆放到了楼房底板的房间中，然后开始逐个观察锁上的数字，一边读数字"302，这个是第3层的第2个"，一边用眼睛扫视锁应该摆放的位置。当全部的锁都放好后，两人相互提问，寻找小动物的家，并用方位语言进行描述（图2-2-17）。

6. 拓展玩法

（1）你说我找：两人游戏。一人将小动物藏在楼房底板的房间里，记住相应的位置。另一人根据对方关于小动物所藏位置的描述寻找小动物。若正确找到，得一分。

（2）钥匙分分类：幼儿可以根据钥匙的某一属性进行分类，如形状（5种）、大小、钥匙上的线条等。

图 2-2-16

图 2-2-17

（六）活动反思

1. 游戏材料层次分明，满足不同水平幼儿探索

在游戏材料的提供上要有层次性，从易到难，既符合大部分幼儿的能力水平，又能激发学习能力比较强的幼儿"跳一跳"，达到最近发展区。在幼儿的后续探索中，可以增加游戏底板，如1个单元楼的底板或多个单元楼的底板，或者增加锁的数量，借此增加游戏难度。

2. 在游戏中支持幼儿多方面发展

幼儿在该系列的游戏过程中，通过点数、配对游戏感知数与量的关系，通过对数字的感知、操作，理解了序数的含义，通过对比发展了自身的观察力，通过表达发展了自己的思维能力和语言表达能力。随着幼儿游戏水平不断提高，幼儿能够迁移自己的已有经验，使简单的开锁游戏变得越来越有趣，幼儿的情绪体验也越来越浓厚，不仅在数学逻辑、认知水平等方面获得了发展，而且在与同伴交往的过程中，获得了社会性发展。

3. 与生活建立联系

《指南》中指出："引导幼儿感知和体会生活中很多地方都用到数，关注周围与自己生活密切相关的数的信息，体会数可以代表不同的意义。"我们也应该以生活场景为教育背景，家园配合，共同培养幼儿对行与列及序数的认识，结合幼儿在"开锁找家"这一系列活动中对行与列及序数的游戏兴趣，引导幼儿在生活中寻找更多的序数，如快递柜、超市储物柜等。

（作者：北京市海淀区富力桃园幼儿园　田　雪）

活动四 美味串串烧（中班集合与分类）

（一）材料介绍

穿串儿用的竹签若干（图2-2-18）、3种不同颜色和形状的积木若干、玩具筐（图2-2-19）。

扫码看彩图2-2-4　　扫码看视频2-2-4

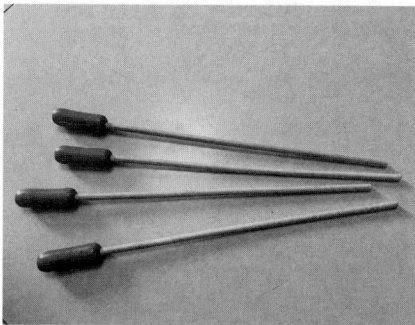

图2-2-18

图2-2-19

（二）游戏指向的数学核心经验

集合与分类，涉及物品的属性、分类的多样性。

（三）幼儿在数学模块中的发展轨迹

匹配→按事物的一种特征分类→按事物同时具备的两种特征进行分类→按事物同时具备的多种特征进行分类。

（四）第一阶段游戏

1. 投放材料

穿串儿用的竹签、3种不同颜色和形状的积木若干。

2. 幼儿第一次游戏

一开始，教师投放了基础材料（竹签和3种不同颜色和形状的积木若干），孩子们对其中的竹签和积木非常感兴趣。

在区域游戏时，航航选择了这个玩具。他先是用竹签穿各种积木，穿好后，将其放进玩具筐里，然后一会儿拿起来转转，一会儿又把烤串儿举起来，放在嘴边，"吧唧吧唧"假装吃起了烤串儿，嘴里还说着："这个烤串儿可真好吃！"吃完后，还会将上面的积木拿下来，重新穿上新的积木，不断地重复这个游戏。

3. 发现问题

游戏中，幼儿对穿串儿的动作非常感兴趣，喜欢玩假想游戏。但是，整个游戏过程是无目的的操作，游戏玩法需要进一步拓展。

4. 调整

游戏形式发生变化，创设游戏情境，投放自制烧烤架，为幼儿创设一个较为真实的烧烤情境，提供空盘子和绘画分类标记的材料，请幼儿将自己穿完的串儿分类后放到不同的盘子里。

（五）第二阶段游戏

1. 投放材料

烧烤架、玩具筐、竹签、3 种不同颜色和形状的积木若干、一次性纸盘、白卡纸、笔。

2. 幼儿第一次游戏

游戏情境的改变，让孩子们摆弄材料的兴趣更加浓厚了。航航和恩恩拿到材料后，先是将盘子摆成了一排，然后两人开始穿串儿。航航从筐里拿出了绿色的积木，将其穿在了一起。恩恩拿出了粉色的积木，穿了起来。穿好后，两人将串儿放在了一个盘子里，然后继续穿。两人又穿出了两串儿，是用黄色积木穿的串儿，一串全是三棱柱积木，另一串全是圆柱体积木。两人穿好后，就开始摆弄起这些串儿来。

这时，教师走了过来，鼓励幼儿把穿好的串儿分别放在不同的盘子里，并询问幼儿穿的都是什么串儿，引导幼儿在装串儿纸盘前的白卡纸上画出图案标记。

在教师的引导下，两人开始在白卡纸上画了起来。他们将装有绿色串儿的盘子前面摆放了一张画着蔬菜标志的卡片，在粉色串儿盘子前面摆放了画有小猪图案的标志卡片，在黄色串儿盘子前面摆放了画有小鸡图案的标志卡片，而其他几个盘子前面按照积木的形状在白卡纸上做了标记，还在一个盘子前面的白卡纸上画了彩色串儿的标记。两人将烤串儿按照形状、颜色进行了分类，并制作了相应的标记卡片，整个游戏过程非常投入。

3. 发现问题

孩子们有了分类的意识。教师可以适当调整材料，使材料属性更加鲜明和多样化，支持幼儿进一步学习，对穿好的串儿进行多角度分类。

4. 调整

游戏材料上进行了调整，投放了空白卡片、笔和骰子。同时，根据孩子们的生活经验，在个别积木上粘贴了红色的点或是棕色的点，表示辣椒粉、孜然粉等不同口味的调料，让积木本身的属性特征更加多样化，促使孩子们根据自己的想法给烤串儿分类。

5. 幼儿第二次游戏

材料进行调整后，幼儿选择的余地更大了。幼儿可以根据烤串儿的形状、口味、颜色进行分类，可以选择不同形状、颜色的积木，穿更多不同种类的烤串儿了。还可以请小客人来买烤串儿，增强了游戏的互动性，为幼儿提供了更多表达的机会。幼儿对于分类的理由表述得更加清晰，对分类的多样性也有了更多的了解。

6. 拓展玩法

（1）开展厨师大赛，两人各取两根竹签，开始穿串儿，谁先穿完两根整串儿的烤串儿后按铃，说出自己的分类方法，先穿对并说对者获胜。

（2）两人各取一根竹签，商量好分类的方式后轮流掷骰子，根据骰子的点数穿相应数量的串儿。在规定的时间内，谁先穿完整串儿，谁就获胜。

（六）活动反思

幼儿进行区域游戏的过程也是主动学习的过程。幼儿在玩"美味串串烧"的游戏过程中，通过穿串儿，逐步了解、探索分类的多样性，从而获得相应的数学经验。

1. 情境教学

幼儿的数学学习与发展离不开与日常生活情境相联系的学习背景，是基于"情境教学"的学习。孩子们在用竹签穿积木时，兴趣非常高涨，还会联想到"烧烤"这个日常生活情境。因此，教师结合幼儿的兴趣点，创设了贴近幼儿日常生活情境的"烧烤店"，其中穿烤串儿、看菜单、客人点单等都与幼儿日常生活情境紧密联系；还有一点是"到生活中去"，即让幼儿在生活中感受数学、学习数学、运用数学。

2. 手脑并用

儿童的数学学习既需要动手操作，也需要数学语言，倡导"手脑并用"。任何内容的学习都有一个过程。中班初期的幼儿已经对基本的形状和颜色有了一定的认知，并尝试进行分类，但是当事物同时具备两种或两种以上的特征时，分类的难度也就增加了。刚开始的时候，幼儿会无目的地穿串儿。但是，当材料发生变化后（增加了盘子），幼儿能够发现并尝试对烤串儿分类的操作，这也将有助于他们进一步地掌握有关分类的数学经验。随着他们在游戏中的反复操作，相较于幼儿对材料的探索阶段，幼儿的数学认知显然有了进一步的提升。幼儿已经能够很顺利地对事物进行分类，并能用绘画标记的方式记录分类的方法。

数学语言的表达也非常重要。幼儿从一开始安静地游戏到后面需要和同伴一起商量给烤串儿分类并制作标记，向小客人介绍烤串儿的种类。在这一过程中，幼儿数学语言的表达能力有所增强。

操作和语言表达是分不开的，只有手脑并用，才能帮助幼儿更好地在游戏中加深对数学的认知。

3. 促进社会交往

幼儿可以在游戏中分别扮演厨师和小客人的角色来穿烤串儿或买烤串儿。幼儿之间会有很多互动与交流的机会。穿烤串儿的幼儿在穿串儿后，能够相互交流，对穿好的烤串儿进行分类并制作标记，充分体现了幼儿的合作意识。买烤串儿的幼儿也要清楚地向卖烤串儿的幼儿表述自己需要的烤串儿类型。在这个过程中，幼儿与他人交往的能力、社会性学习都得到了发展。

（作者：北京市海淀区富力桃园幼儿园 马雪晴）

活动五 小棍游戏（大班数运算）

（一）材料介绍

彩色小棍若干、记分牌、记录表（图2-2-20），转盘、计时器、皮筋、小碗（图2-2-21），彩色笔。

扫码看彩图2-2-5　扫码看视频2-2-5

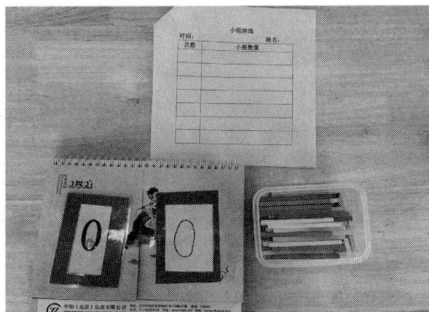

图2-2-20

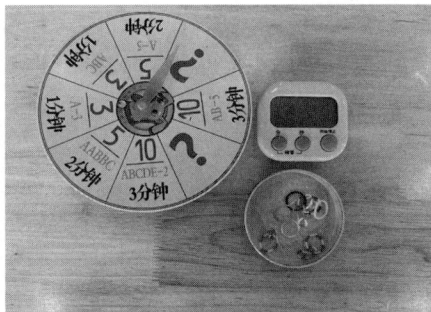

图2-2-21

（二）游戏指向的数学核心经验

数运算，涉及数的分解与组合、数量变化。

（三）幼儿在数学模块中的发展轨迹

动作水平→表象水平→概念水平，符合从具体到抽象的认知发展规律。

（四）第一阶段游戏：抓小棍

1. 投放材料

蓝色、绿色小棍各 20 根。

2. 幼儿第一次游戏

在一次区域游戏中，康康和安安分别从玩具筐里抓起一把彩色小棍。康康说："比一比。"安安看了一眼，说："我赢了，我的多。"康康说："不可能，我的多。"康康边操作边数："1、2、3、4、5，这是 5 根。"然后，看了一眼自己手上剩下的小棍，停了几秒，默数着，把手上的小棍和桌子上的小棍合在了一起，说："这也是 5 根，哈哈，我一把抓了 10 根。"安安数一根、摆一根地数着自己的小棍："1、2、3……11，我有 11 根。真是我赢了！"两人又玩了几次，慢慢的，兴趣减弱，就不玩"比一比"的游戏了。两人互相用小棍你打我一下，我打你一下，嬉戏起来。

3. 发现问题

幼儿随机抓取小棍，玩比多少的游戏。从中可以看出，康康的数运算水平较高，能借助合并、分开等动作进行加减运算。安安是通过计数的策略来进行运算，处于数运算水平的初级阶段。但是，现有材料无法支持幼儿进一步探索，尤其是对康康来说，过于简单，应鼓励幼儿利用符号或图形、图表等进行表征，支持幼儿在原有基础上"跳一跳、够得着"，达到最近发展区，进一步促进幼儿抽象数运算能力的发展。

4. 调整

材料方面，投放记分牌和记录表，增加游戏的竞争性，鼓励幼儿多次游戏，积累实物操作和情境化练习的经验，同时也鼓励幼儿进行多元化表征，为幼儿理解抽象数量关系提供感性认识的基础。

5. 幼儿第二次游戏

投放了记分牌和记录表之后，安安和康康游戏的次数明显增多了，他们都想赢了对方。教师提出新的挑战：先说出总数且正确记录的就赢了。同时，鼓励大家可以找同伴帮忙。慢慢的，安安和康康比赛时，周围也会围着两三个好朋友帮着一起数数。小朋友们很热闹："这是 4 根，再加上这里的 2 根，就是 6 根，再加上你手上的，1、2、3、4，一共 10 根。""2 根 2 根地数会快一些。""2 根红色的、3 根蓝色的，这个合起来是 5 根。"……小朋友们有的帮着计算，有的比画动作，热闹非凡。同时，数运算的方式也丰富起来。

（五）第二阶段游戏：捆小棍

1. 投放材料

彩色小棍若干、皮筋、转盘、计时器。

2. 幼儿第一次游戏

教师在和孩子们商量过后，抓小棍的游戏升级了。教师找来了皮筋、转盘、计时器等材料。大家开始挑战捆小棍游戏：1 分钟内用皮筋把小棍两根两根地捆在一起，看看谁捆的小棍多。安安和康康开始比赛了。安安小手很灵巧，两根两根地捆，1 分钟捆了 5 组，他说："我是 2＋2＋2……1、2、3、4……哈哈，我是 10 根。"康康只捆了 2 组，他说："我只有 4 根。"

3. 发现问题

游戏中，安安有 2 个 2 个按群数数并相加的意识，但他更加依赖逐一计数的原有经验。康康捆的小棍少，通过目测就能得出结论。游戏对于幼儿来说，并不开放，每次捆两根是一种限制，可以和幼儿商量后适当地改变游戏规则，如幼儿自己决定每次比赛时捆几根小棍。

4. 调整

（1）幼儿自己商量改变每次捆小棍的数量，积累按群计数的经验，为数运算打好基础。

（2）鼓励幼儿改变游戏规则，如捆完小棍之后，两个幼儿均分捆好的小棍，进而感知少多少、多多少的数量变化。

5. 幼儿第二次游戏

安安和康康商量着每次捆几根小棍。康康说："每次捆 5 根，比得快。"安安同意了。安安数 1 根，拿 1 根，数够 5 根小棍就开始捆。康康则是先抓一把小棍，看一眼，多的就抽出来，少了就再 1 根 1 根地添上。计算总数时，安安说："我是 5 加 5，共 10 根。"康康说："哎呀，我只捆好了 5 根。我要是快一点儿，肯定能赢你。"

（六）活动反思

1. 通过数学游戏促进幼儿社会性发展

从抓小棍到捆小棍的过程中，幼儿通过语言交流与同伴交往，探讨游戏的玩法，改变每次抓或捆小棍的数量变化等，虽然两个人玩的是竞争类游戏，但也是有商有量的。当出现问题的时候，孩子们也能够一起想办法解决。在数学游戏中，孩子们的语言能力、人际交往能力也得到了发展。

2. 低结构材料促进幼儿深度学习

小棍看似简单，目标指向性不强，但游戏玩法多样且富有变化，可以用来数数，可以用来观察和感知数量加减变化，后续也可以用来拼图形、架高等。孩子们利用小棍进行游戏，能激发他们更多地探索数学领域，最终达到深度学习的目的。

（北京市海淀区富力桃园幼儿园　李文慧）

活动六　**有趣的天平（大班比较与测量）**

（一）材料介绍

不同颜色和重量的小熊砝码（克重分别为 3 克、6 克、9 克、12 克）（图2-2-22），天平托盘、支架、底座一套（图2-2-23），天平游戏记录表（图2-2-24），黑色笔。

 扫码看彩图2-2-6　 扫码看视频2-2-6

图2-2-22

图2-2-23

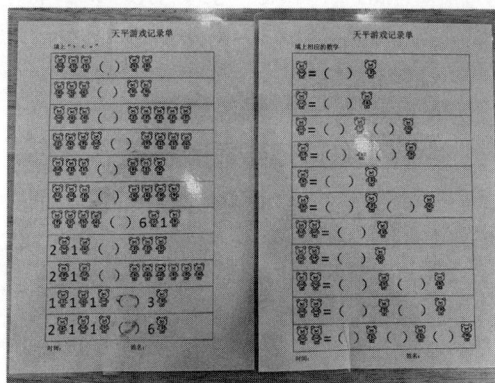

图2-2-24

（二）游戏指向的数学核心经验

量的比较，确定属性特征是进行量的比较前提，语言可以用来识别和描述事物特定的属性。

（三）幼儿在数学模块中的发展轨迹

从明显差异到不明显差异→从不守恒到守恒→从模糊比较到逐渐精确比较。

（四）第一阶段游戏

1. 投放材料

不同颜色和重量的小熊砝码，天平。

2. 幼儿第一次游戏

田田和佑佑先拿出两个大小一样的小熊砝码，分别放在天平两边的托盘里。田田看见了，说："好神奇啊！天平平衡了。"此时，佑佑又从材料盒里拿出两个颜色不同的小熊砝码，分别放在天平两边的托盘里。田田说："现在，一高一低了。"佑佑指着低的一端，说："这边往下沉，更重一点儿。"这时，佑佑往轻的那边的托盘里又放入了一个砝码，然后把两边托盘里的砝码交换了一下位置。这时，田田指着托盘，对佑佑说："两边还是不一样高。"田田又从左右两边的托盘里分别拿出来一个砝码。佑佑指着天平的指针，说："又动了，现在跑到中间了。"

两个人望着两边的砝码，想了一会儿。佑佑先往左边的托盘里加了一个砝码。"还是不平衡。"田田说。佑佑又从里面拿掉了一个砝码，换了一个小一点儿的。这时，左边的托盘下去了一点儿。"重了一点儿，好像还没有平，那边还是高。"佑佑往左边的托盘里又加了一个砝码。这时，天平慢慢地晃了起来。佑佑说："中间动来动去的。"过了一会儿，天平恢复了平衡。田田看了看，说："现在，一样高了。"

3. 发现问题

幼儿持续摆弄天平两边的砝码，围绕着如何能够平衡及比较轻重的问题，并未拓展其他内容，玩法较为单一，兴趣容易减弱。

4. 调整

（1）增加记录表，设计比较重量和如何使天平平衡等不同的游戏内容。

（2）引导幼儿利用重量不同的砝码来探索天平两端物体间的重量关系。

5. 幼儿第二次游戏

增加记录表后，田田和佑佑会根据记录表上面的内容去探索两侧重量不同的砝码如何让它保持平衡，了解天平两端物体的重量关系。田田在天平的一侧放了一个12克的小熊砝码。需要试一试，在天平的另一侧，如何组合不同重量的小熊砝码，才能和12克的小熊砝码保持平衡呢？田田看了记录表中第一行写有"12克＝（）个3克"，他根据记录表，将12克砝码放在了天平的左边，然后找到3克的砝码，一个接着一个地放，放了3个3克的砝码时，天平还是不平衡，又放了1个，试了之后，才发现4个3克的砝码就可以平衡了。田田把它记录了下来。田田又找到一张关于比较轻重的记录表，再次开心地尝试起来。

（五）第二阶段游戏

1. 投放材料

不同颜色和重量的小熊砝码，天平，天平底座一套，天平游戏记录表，黑色笔。

2. 幼儿第一次游戏

佑佑拿来 2 个 12 克的小熊砝码，放在天平左边的托盘里。田田拿来 6 克的砝码放在天平右边的托盘里。结果，天平一高一低。佑佑和田田一起数边继续往托盘里加砝码，嘴里还念叨着："1 个、2 个。"这时，有很多砝码的那边往下沉了一点儿，慢慢地恢复了平衡。于是，田田开始记录，2 个 12 克的砝码需要 4 个 6 克的砝码，才会平衡。"还可以怎样保持平衡呢？"佑佑问。田田听了，说："你看，我们可以找一个小一点儿的砝码，放上去，试一试，看看需要多少个。"说完，佑佑便拿走 6 克的砝码，用最轻的 3 克砝码开始尝试，1 个接着 1 个地把砝码放在了天平的另一侧。当他放到第 8 个时，只见天平摇晃了几下，保持平衡了。

3. 发现问题

游戏过程中，幼儿能够根据天平游戏记录表的提示，探究如何使天平保持平衡，即天平两边的物体重量相同。但幼儿记录操作结果时，还需要教师引导。游戏中，比较天平砝码重量的玩法较为单一，材料不够丰富。

4. 调整

（1）将天平游戏记录表分为画图和写数字两种方式，帮助幼儿理解天平两侧重量相等时才会平衡，例如，1 个 12 克＝4 个 3 克，既可以书写数量关系式，也可以画图表示。

（2）增加用天平称重比较自然物等其他常见物品，从明显的重量差异到不明显的重量差异，引导幼儿观察和思考，也可以增加空白的记录表，引导幼儿将自己的发现记录下来。

5. 幼儿第二次游戏

田田用班里的物品进行称重游戏，增加了游戏的趣味性。孩子们利用生活中的材料比较重量并记录，哪两个物品是一样重的，或者比较两个物品的重量。田田从其他区域拿来了拼插玩具、齿轮玩具和数学玩具里的骰子。他将不同的材料放在天平的左右两侧，通过称重发现小块的齿轮玩具比数学区的骰子重得多，于是用画图的方式将自己的发现记录下来。

6. 拓展玩法

（1）大班幼儿的思维出现了抽象逻辑思维的萌芽，后续游戏材料可以提供得不那么具体、形象，如大量相同大小的积木、砝码等，让幼儿通过操作、探究感知物品数量之间的关系。

（2）还可以用游戏中的积木、雪花片等作为称重的砝码，给操作盒里的物品称重。称的时候，当天平保持平衡时，就可以暂停放入其他物品，引导幼儿进行多角度称重，得出多种答案，如玩偶小熊＝6片雪花片，玩偶小熊＝一包纸巾＋2个雪花片，一瓶眼药水＝1包纸巾等。

（六）活动反思

1. 数学游戏能带动幼儿在不同领域协同发展

天平游戏包含数学知识。幼儿通过目测，投放不同重量的砝码，探索使天平达到平衡的条件。同时，利用记录表进行游戏，促进了幼儿点数的能力。在称重游戏中，幼儿通过观察天平的高低变化，能自发地采用增加或减少一边物体的数量来达到平衡的办法。

另外，幼儿游戏时拿取各类材料，能有效地发展手部小肌肉动作，使手部动作发展得更灵活、协调。

2. 数学游戏核心经验需要进行多元渗透

天平游戏单一性比较强，更多的是称重和量的比较游戏。教师还应思考，除了添加或拿掉物品使天平保持平衡，还有一个物体和多个物体保持平衡，天平两侧物体的重量守恒等内容可供幼儿探索，还可以创编哪些关于量的比较游戏，记录表的内容也可以更加多元一些。

（北京市海淀区富力桃园幼儿园　宋　爽）

活动七　香皂坊里的秘密（大班数概念与运算）

（一）材料介绍

不同形状和大小的香皂（图2-2-25），游戏货币（分别为1元、2元、5元、10元、20元）（图2-2-26）。

扫码看彩图2-2-7　　扫码看视频2-2-7

图2-2-25

图2-2-26

（二）游戏指向的数学核心经验

数概念与数运算，涉及数数的方法及 20 以内的加减运算。

（三）幼儿在数学模块中的发展轨迹

对数量的感知动作阶段→数词和物体数量之间建立联系的阶段→简单的实物运算阶段。

（四）第一阶段的游戏

1. 投放材料

不同形状、大小的香皂，香皂根据不同的形状和包装分别定价为 3 元、5 元、6 元，幼儿游戏货币 1 元、2 元、5 元若干。

2. 幼儿第一次游戏

香皂坊开始营业后，点点和波妞主动要求去香皂坊里买香皂，说看上了香皂坊里的圆形香皂。两个人先后拿了自己的钱包，来到香皂坊，挑选喜欢的香皂，边看边议论香皂的样子。点点看中了一块黄色圆形的大香皂，他询问促销员价格后，开始从钱包里往外拿钱，边拿边数："1 块、2 块、3 块、4 块、5 块。"然后，把 5 元钱递给了促销员。促销员拿到钱后，给了点点那块她看上的香皂。而波妞的钱包里没有那么多 1 块的，她递过来的是 3 个 1 块和 1 个 2 块的。促销员一看，说："这是 4 张，不够。"波妞说："你看，这是 1 块、2 块、3 块吧，这个是一张 2 块的，就是 4 块和 5 块。"

3. 发现问题

促销员会一一对应地点数货币，还会利用接着数的方法来数数。但是当出现一张 2 块钱的纸币时，他只关注了货币的张数，而忽略了面额。

4. 调整

（1）区域活动结束后，教师请小朋友们一起唱数购买香皂的货币，借此丰富幼儿的数数经验。

（2）教师利用集体活动和幼儿一起认识游戏用纸币，重点认识纸币面额，通过集体活动帮助幼儿理解 10 以内货币如何凑数和换算。

（3）可以模拟超市购物的方式，引导幼儿进行 1 元、2 元、5 元、10 元的购物游戏，体验如何支付、收款、找零等的买卖游戏。

（4）教师可以利用生活环节或集体活动，丰富幼儿凑数的经验。

5. 幼儿第二次游戏

一诺和点点在香皂坊里玩售卖香皂的游戏。一诺负责包装，点点负责售卖。点点推着推销车，到其他班级做宣传去了，介绍班级幼儿制作的香皂及每种香皂的价格，吸引更多的小朋友来买香皂。当有人来买香皂时，一诺主动邀请他们进入香皂坊，并再一次介绍了香皂的价格。点点看上了一块 6 元的香皂，开始在钱包里找钱。点点把钱包里的钱都掏出来了，然后开始给一诺钱。点点递给一诺 3 张 1 元之后，一诺说："这是 1、2、3 元，香皂是 6 元钱，还差 3 元。"点点继续从钱包里拿钱，这次拿出一张 2 元钱，又拿出一张 1 元钱。一诺说："够了，正好 6 元！我给你包好包装，请稍等一下！"一诺找了一个袋子，把香皂包起来，递给了点点。点点接过袋子，开心地走了。区域活动结束后，我们一起点数今天香皂坊收的钱。一诺带着大家一起从 1 元开始数，数到 12 的时候没有一元钱了。接着数 2 元的时候，一诺说"14"，下面的小朋友跟着她一起说"14"，当再出现 2 元钱的时候，一诺数"16、17"，然后是"18、19"……一直数到 21。孩子们开心地说："今天，我们卖了 21 元钱。"

（五）第二阶段游戏

1. 投放材料

不同形状、大小的香皂（包装定价分别为 3 元、5 元、6 元、10 元、15 元、20 元），幼儿游戏货币 1 元、2 元、5 元、10 元若干张。

2. 幼儿第一次游戏

随着幼儿逐渐熟悉香皂坊的游戏，越来越多的小朋友到香皂坊来游戏。今天来的是团团和皓皓，他们两个人先一起制作了香皂，然后皓皓去推销香皂坊的香皂。很快，就来了两个小顾客。团团主动招呼他们进来，看看需要买什么样儿的香皂。小七和曦曦在柜台前面选了又选，各挑了一块很大的圆形香皂，并询问了价格。团团说："这个大圆形的香皂是 10 元钱的！"两个小顾客开始从各自的钱包里往外拿钱。曦曦一下子拿出来一张 5 元的游戏币，接下来，又拿出来 5 张 1 元钱，递给团团。团团接过钱，数了起来："这是 5 元，这些也是 5 元，5 加 5 正好是 10 元。这块香皂归你了！"小七也在努力地往外拿钱，他把所有的钱一下子都放到团团的手里，让团团自己数。团团接过小七给的钱后，开始数了起来："2、4、6，这是 4 块钱，6 加 4 就是 10 块钱，对了。香皂，你可以拿走了。"

3. 发现问题

曦曦能用接着数的方法确定自己给售货员的是 10 元钱。团团也用了不同的数数方法确定自己收了 10 元钱，而且在数的过程中还运用了加减法来确定钱数。但是，小七就不能通过数数的方法数出 10 元钱，而是采取了把钱包里的钱一股脑地交给别人，让别人来数的办法。可见，三个幼儿分别处于数数的不同水平，需要在数钱的方法上进行有效的引导。

4. 调整

教师可以利用过渡环节和幼儿玩数钱的游戏，特别是当幼儿来找教师用零钱换整钱的时候，教师应尽量让幼儿自己数。例如，要换 5 元钱、10 元钱，就要把自己的钱数一数，看看零钱能不能凑够 5 元钱或 10 元钱，如果可以，再找老师换。

5. 幼儿第二次游戏

教师在与幼儿多次换钱之后，幼儿掌握了一些数钱方法。幼儿在游戏中也能用多种方法来确定自己拿出来的是多少钱了。这天，麦多和耳朵来到香皂坊游戏。他们看到来香皂坊购买香皂的人很多，于是，决定扮演收钱的角色。只见，嘟嘟拿着一块 15 元的香皂，问麦多价格。麦多告诉她之后，嘟嘟就开始从钱包里往外拿钱。"1 张 10 元，1 张 5 元，10 加 5 就是 15 元啦！"麦多夸嘟嘟算得非常正确。最后，麦多和耳朵在区域游戏分享环节开始点数今天卖香皂的钱。他们先把同样面额的钱分别放在了一起，然后开始数："10，20，30，40，50，55，60，62，64，65，66，67，68，69，70。今天，我们一共收了 70 块钱！"教师询问其他小朋友他们数得是否正确，并邀请江江再数一次。江江先数了 10 元的，"10 加 10 是 20，再加 10 是 30，再加 10 是 40，再加 10 就是 50。""现在，没有 10 元了，来数 5 元，5 元的时候就 5 个 5 个地数，55，60。这是 2 元的，就是 62，64，这些都是 1 元的，65、66、67、68、69、70。老师，他们说是 70 元，我数的也是 70 元。他们数对了。"

（六）活动反思

1. 在买卖游戏中，感知、体验货币的用途

在幼儿感兴趣的香皂坊游戏中，幼儿通过买卖游戏认识了货币，体验了货币的用途，进一步感知了货币的不同面额，学会了多种数钱的方法，收获买卖经验的同时，能通过零钱换整钱的方法体验货币的不同组合，进一步感知数的组成与分解及数的运算。

2. 丰富数数及运算方法，提升经验，解决数学问题

货币换算对于大班初期的幼儿来说，有一定的难度。但是，他们可以借助数数的方法进行买卖游戏，这也弥补了幼儿在加减运算中的不足。同时，幼儿通过成组数数、接着数的方法可以很好地完成买卖游戏。教师要及时鼓励幼儿用不同的数数方法得出最终的结果，让幼儿在游戏中探索凑钱的方法和乐趣。在这样的数数过程中，幼儿能快速确定要支付的钱数，不仅获得了数数方法、数的运算能力，同时也发展了思维能力，体验了游戏成功的喜悦。

（作者：北京市海淀区富力桃园幼儿园　李　雁）

第三节 户外活动

活动一 能干的小白兔（小班几何图形）

(一) 材料介绍

小菜地（图 2-3-1）、石头路（图 2-3-2）、房子的墙壁上有 4 种不同形状的洞（图 2-3-3）、4 种图形的"小砖块"（图 2-3-4）。

扫码看彩图 2-3-1

图 2-3-1

图 2-3-2

图 2-3-3

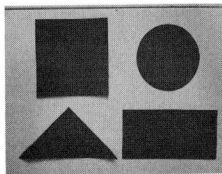

图 2-3-4

(二) 游戏指向的数学核心经验

图形，涉及图形特征。

(三) 幼儿在数学模块中的发展轨迹

图形特征→图形分解与组合→图形变换。

(四) 游戏玩法

1. 创设游戏情境，激发兴趣

教师：小兔子们！今天的天气真好啊！兔妈妈想带你们去采果子，给家里存一些食物。可是，我们今天走的路会有一些难度，你们有勇气通过吗？

教师以游戏的口吻带领幼儿做准备活动。

教师：那我们先活动活动身体，一会儿就要出发啦！

教师播放《兔子跳》的音乐，带领幼儿热身。幼儿跟随教师做相应的动作。

2. 游戏：小兔采果子

教师：兔宝宝们，前面就是我们采摘果子的果园了。我们要跨过小河、越过小山、跳过石子路。附近会有狡猾的狐狸出没。路上，我们可一定要小心。

教师：小河是什么样子的？我们可以怎么过？小山什么样儿？怎么过去？石头路是什么样儿的？怎么通过？

（1）幼儿进行第一轮游戏，练习双手跪撑膝盖跳和双手跪撑跳上两层的跳箱、双脚连续行进跳，增加有一定距离的跳跃动作。教师讲解并小结。

教师：一会儿，兔妈妈就要带你们到更远的地方去采果子。路上，如果坏狐狸来了，兔妈妈就会叫"狐狸来了"。你们听到后，就赶紧把采的果子用双手捂住，千万不能发出声音。如果让狐狸发现的话，它就会来偷果子啦！等妈妈告诉你们"狐狸走喽"，咱们再接着采果子回家。

（2）幼儿进行第二轮游戏，练习双脚连续行进跳的动作，跳过石子路。教师讲解并小结。

3. 游戏：修房子

（1）找图形砖块。

教师：兔宝宝们，我们已经安全回来了，没有被狐狸抢走果子，你们真棒！我们快把果子放回家吧！咦？怎么房子的墙上出现了洞洞呢？这可不行啊！我们快找找砖块，把房子修好吧！

教师带领幼儿听音乐，做双脚跳的动作，一起去找图形砖块。

（2）修补房子。

教师：兔宝宝们快看一看，这些砖块的形状都一样吗？有什么形状的呢？再看看，墙上洞洞的形状都一样吗？快动脑筋想一想，看谁能把墙上的洞洞用这些砖块补好！

教师指导幼儿用不同形状的图形砖块补好房子墙上的洞洞。

4. 结束部分

（1）总结。

教师：今天，咱们采了那么多的果子，还修补好了咱们的房子，真开心呀！你们都是能干的小兔子！咱们快回家休息一下吧！

（2）放松、离场。

教师带领幼儿在舒缓的音乐中放松身体，自然离场。

（五）活动反思

1. 幼儿能在户外游戏中发现并学习数学

在户外游戏中，幼儿能在基本掌握双脚行进跳的基础上，尝试有一定高度的跳和不同形式的跳，增强了身体的协调性、跳跃能力和下肢大肌肉动作的发展，还不知不觉巩固认识了 4 个图形，能分辨图形特征并一一对应。户外游戏与数学的有机结合，能让幼儿发现身边的数学，感受到数学的有用和有趣。

2. 在情境中有效渗透数学

本次活动尝试将抽象的数学图形通过运动游戏情境让幼儿观察、认识、掌握，也为运动游戏增加了更多的情境性、游戏性。在后续的分散游戏中，教师惊喜地发现，幼儿会用各种形状搭建不一样的活动场景，如厨房、小跑道等，创设了更多的游戏情境。

3. 关注幼儿运用数学语言

在图形砖块修补房子的过程中，教师鼓励幼儿用两个图形是否重叠的方法来验证两个图形是否一样，还提示幼儿注意观察图形特征，并用语言说一说，如"你为什么用这块图形砖块补这个洞？你怎么知道图形砖块和这个洞洞的形状是一样的"等。

（作者：北京市海淀区富力桃园幼儿园　刘雅楠）

活动二　搭小桥（小班数概念）

（一）材料介绍

软呼啦圈若干（图 2-3-5）、飞盘若干（图 2-3-6）。 扫码看彩图 2-3-2

图 2-3-5

图 2-3-6

（二）游戏指向的数学核心经验

数概念，涉及数数的基本原则、数数的形式。

（三）幼儿在数学模块中的发展轨迹

数数的发展轨迹：

1. 内容方面

口头数数→按物点数→说出总数→按群计数。

2. 动作方面

触摸物体→指点物体→用眼代替手区分物体。

3. 语言方面

大声说出数词→小声点数→默数。

（四）游戏玩法

1. 情境导入，激发搭桥兴趣

热身游戏：教师戴上老鼠头饰，带领幼儿边做动作边入场。

教师：今天，我是老鼠妈妈，你们是小老鼠。咱们一起出去玩儿。前面有一条小河。我们怎么过河呢？

幼儿1：我们游过去。

幼儿2：搭个桥。

小结：这里刚好有一些圆圆的石头。咱们用石头搭桥过河吧！

2. 尝试搭桥，玩过桥游戏

（1）请个别幼儿搭桥，并点数石头的数量。

教师：谁想来搭小桥？你觉得需要几块石头？

幼儿1：要用5块石头。

幼儿2：我觉得要用6块石头。

请一名幼儿搭桥，其他幼儿点数。

教师：这座桥用了几块石头？

幼儿1：1、2、3、4、5，用了5块石头。

小结：先用小手点一下，再数一下，能数得更清楚。

（2）请所有幼儿搭桥，玩过桥游戏。

教师：这座小桥真漂亮！今天，出来玩的小老鼠这么多，一座桥可不够。请小老鼠们都来搭桥吧（图2-3-7）！

教师：你的桥用了几块石头？你是怎么数的？

幼儿1：我是一块一块数的，就这样，1、2、3、4。

教师：数石头的时候，还可以走一块、数一下，不多数，也不漏数。

教师：请所有的小老鼠都来走一走小桥。注意哦，怎样才能平稳地走到河对岸？

总结：有的桥用了 5 块石头，有的桥用了 7 块石头。小老鼠们过桥也有方法，两手侧平举，走得稳稳的，真棒！

3. 延长小河，继续搭桥并点数石头数量

教师：河水越流越长，咱们再多搭一些新的桥。

教师：搭桥的时候，点一块石头，数一下，最后数到几，一共就有几块石头。咱们都来走一走小桥（图 2-3-8）。

教师：你走的桥用了几块石头？你怎么走得这么稳？有什么好方法？

总结：小朋友们每次都踩在石头中间，两脚交替着往前走，走得又快又好。走的时候，走过一块石头，数一下，最后数到几，就知道一共用了几块石头搭的小桥。

4. 结束活动

教师：小老鼠们，咱们一起来走一走所有的小桥吧！走的时候，可以数一数每座小桥有几块石头。

幼儿反复游戏，活动自然结束。

图 2-3-7

图 2-3-8

（五）活动反思

1. 户外活动与数学整合，激发幼儿锻炼的热情

游戏是幼儿的基本活动方式，能激发幼儿学习的主动性和积极性。本次活动让幼儿在搭桥、走小桥的游戏情境中，不知不觉地学习了点数，既锻炼了走平衡的能力，也锻炼了数数的能力。

2. 户外活动与数学整合，推动教师教学能力的发展

教师将户外体育活动与数学领域教育有机融合，需要不断思考不同领域如何达成共同的教学目标，设计不同的活动环节，找准活动的切入点、侧重点，从户外器材的发掘、教学策略的选择、问题的设计、运动氛围的营造等方面入手，体现教师的教学风格，促进教师个性化、专业化成长。

3. 户外活动与数学整合，需关注的要点

户外活动中，幼儿的运动量相对不够，需要合理安排好数数和运动的时长。因此，在接下来的分散活动中，应该提供激发幼儿加大运动量的材料，做到动静交替，保证幼儿的运动强度。

（作者：北京市海淀区富力桃园幼儿园　郭田乐）

活动三　捉迷藏（中班空间方位）

（一）材料介绍

攀爬架（图2-3-9）、海盗船（图2-3-10）、滑梯（图2-3-11）等大型户外游戏设施。

扫码看彩图2-3-3

图2-3-9

图2-3-10

图2-3-11

（二）游戏指向的数学核心经验

空间方位，涉及空间方位认知、方位语言。

（三）幼儿在数学模块中的发展轨迹

1. 从以自身为中心到以客体为中心的空间方位认知。

2. 由近及远逐步扩展。

3. 由易到难，按顺序认识空间方位（上下—前后—里外—旁边）。

（四）游戏玩法

1. 第一次游戏，回顾游戏规则与玩法

教师：小朋友们，今天，我来当老猫，你们当小猫。咱们来玩你们最喜欢的捉迷藏游戏。先来看看，这里都有哪些地方可以藏呢？

幼儿1：有攀爬架。

幼儿2：这里还有个海盗船。

幼儿3：还有滑梯呢！

教师：有这么多大玩具，那我们可以怎么藏呢？

幼儿1：可以藏在大玩具的后面。

幼儿2：还可以藏在大玩具的下面。

教师：那我们来玩捉迷藏的游戏吧！你们藏，我来找。我会闭上眼睛，数10个数。你们赶紧藏起来。数完10个数，我就会去找你们。被找到的小猫要回到场地中间休息。听清楚游戏规则了吗？

幼儿：听清楚了。

教师：那游戏开始喽！1、2、3……10（幼儿四散躲藏）。

小结：刚才，小朋友们躲在了不同的地方。我发现有的小朋友的小脚和小屁股露出来了。你们要想不被发现，整个身体要怎么样呀？对，全部藏起来。

2. 第二次游戏，运用空间方位词描述自己躲藏的位置

教师：你们还想玩吗？这次，请小猫们记住自己藏在哪里。游戏结束后，告诉大家你躲藏的位置。

男孩、女孩轮流完成躲藏和寻找的游戏任务。

教师：这次，谁来扮演猫妈妈？小猫来藏，猫妈妈来找。一会儿，进行轮换。现在，请猫妈妈闭上眼睛，数10个数，就可以找啦！

幼儿：1、2、3……10。

游戏后，师幼分享游戏经验。

教师：在刚才的游戏中，小猫们都藏在了哪里？

幼儿1：我藏在了攀爬架的下面。

幼儿2：我藏在了海盗船的后面。

幼儿3：我藏在了滑梯下面的小房子里。

幼儿4：我藏在了树丛旁边。

小结：小猫们在这次游戏中不但能找到藏身的位置，还能用方位词描述清楚自己躲藏的位置。方位词包括下面、后面、旁边、中间等。你们真是太厉害啦！

3. 第三次游戏，运用排除法玩躲藏游戏

教师：你们还想不想玩儿？一会儿，咱们还玩捉迷藏的游戏。猫妈妈最喜欢去滑梯下面、攀爬架下面找小猫。这一次，请你们躲在猫妈妈不爱去的地方。游戏结束后，分享一下你躲藏的位置。

教师：你躲在了哪里？为什么躲在那里？

幼儿1：我躲在了树林后面。

教师：为什么你觉得那里合适？

幼儿1：因为猫妈妈最喜欢到滑梯下面和攀爬架下面找小猫，所以我们就不能去那里。

幼儿2：我躲在了草丛的最里面。那里比较远，猫妈妈也不爱去。

幼儿3：猫妈妈爱去的地方不能躲。我就去小房子里面了。

小结：小猫们真棒！你们都能认真倾听，不去猫妈妈爱去的地方，而是找了另外的地方藏好，玩得真好！

（五）活动反思

1. 本次活动将"捉迷藏"游戏贯穿活动始终。游戏是幼儿最喜欢的活动方式。在"捉迷藏"这一传统游戏中，幼儿不知不觉地习得了有关空间方位的数学经验，锻炼了身体的协调性和灵活性，在愉悦的情绪中自然地获得发展。

2. 及时发现问题，有效讨论并分享，帮助幼儿在游戏中理解和运用空间方位词。在本次游戏中，教师发现孩子们知道自己藏在哪里了，但运用空间方位词进行表述时却出现了问题。教师及时抓住这一教育契机，在游戏前提出让幼儿记住自己躲藏位置的要求，并在游戏后的总结与分享中让幼儿充分表达，运用方位词描述自己躲藏的位置，从而达到"运用空间方位词描述自己藏在哪里"的目标，这样既不破坏游戏的乐趣，又融入了数学学习的内容，让幼儿在游戏中提高了空间方位认知的能力。

3. 抓住游戏契机，教师有目的地组织游戏活动。游戏是3~6岁儿童学习的主要途径，幼儿在游戏中获得相关经验。教师在与幼儿进行户外游戏中关注和发现了游戏中的教育契机，思考游戏的价值和幼儿在游戏中的数学发展点在哪里，有目的地设计和延伸游戏内容，让幼儿在游戏中习得和运用空间方位的相关经验。

4. 利用身边资源，有效拓展游戏。在本次游戏中，幼儿利用户外大型玩具进行躲藏，运用得更多的是"后面""下面"的空间方位词来进行游戏，躲藏的位置有些单一。在后续的活动中，可以添加钻筒等游戏材料，支持幼儿游戏，为幼儿提供更多可以躲藏的空间。

（作者：北京市海淀区富力桃园幼儿园　张　娇）

活动四 圈圈乐（中班集合与分类）

（一）材料介绍

户外场地摆放呼啦圈、锥筒、木质跨栏。

（二）游戏指向的数学核心经验

集合与分类，涉及分类、比较、函数。

扫码看彩图2-3-4

（三）幼儿在数学模块中的发展轨迹

匹配→分类→集合→比较→函数。

（四）游戏玩法

1. 热身活动，调动幼儿兴趣

师幼将呼啦圈斜挎在肩上，排着整齐的队伍，走进活动场地。幼儿将呼啦圈放在地面上，站在圈里。

教师：让我们先随音乐做一些热身运动吧！

幼儿跟随音乐模仿教师动作，练习下蹲、踢腿、弯腰、蹦跳、扭胯等动作，活动全身。

2. 探索呼啦圈的多种玩法

（1）师幼回顾呼啦圈的玩法。

教师：大家看一看，我们手中的呼啦圈可以怎么玩儿呢？

幼儿1：呼啦圈可以套在身上转着玩儿。

幼儿2：呼啦圈可以在地上滚着玩儿。

幼儿3：可以把好多的呼啦圈摆在一起，跳着玩儿。

幼儿4：我还可以用呼啦圈当做跳绳来玩儿。

（2）幼儿自由探索，玩一玩呼啦圈。教师观察、鼓励幼儿动脑筋，想出更多有关呼啦圈的玩法，如跳、转、爬、滚、钻、推等，体验创造性玩呼啦圈的乐趣。

（3）师幼交流并演示，分享多种玩法。

（4）教师请想法多样、玩法奇特的幼儿进行讲解和示范，组织幼儿集体尝试，如跳圈、转圈、当绳跳、滚圈、推圈、乌龟爬等。

幼儿1：可以把一样大的圈摆在一起，双脚跳圈。小一点儿的圈也摆在一起，单脚跳圈。

幼儿2：红色的圈摆成一排，作为出发的地方，黄色的圈是终点。从这里出发，把圈滚到对面去。

幼儿3：把圈背在背上，我们变成小乌龟。这边是红乌龟的家，那边是蓝

乌龟的家。可以爬来爬去，去对方家里做客。

（5）小结：小朋友们真聪明，想出这么多的玩法！

3. 分组比赛"小螃蟹运圈圈"

（1）第一轮游戏，教师介绍游戏玩法。

教师：海底龙宫要建一座呼啦圈游乐园，需要小螃蟹们合力运送呼啦圈。小螃蟹们要分成3队，每队运送15个相同颜色的呼啦圈。小朋友们两人一组，两人用肚子夹住呼啦圈，将圈运到终点，套在锥筒上。在游戏的过程中，不能用手触碰呼啦圈。如果呼啦圈掉到地上，要回到起点，重新开始。在规定的时间内，哪个小队运送的呼啦圈最多，哪个小队获胜。

教师组织幼儿进行比赛，在比赛过程中，提示幼儿遵守游戏规则。当教师喊"游戏结束"时，幼儿停止运送呼啦圈，并分组数圈，确定比赛结果。

教师：你们运送的是什么颜色的呼啦圈？一共运送了多少个？哪个队的呼啦圈数量最多？哪个队的呼啦圈数量最少？

幼儿：我们队运送的是红色的呼啦圈，数量最多，有12个。黄色的呼啦圈最少，有8个。

（2）第二轮游戏，继续挑战。

教师：这一次，小螃蟹在运圈的过程中，还要迈过障碍物。如果呼啦圈掉到地上，还要回到起点，重新开始。在规定的时间内，哪个小队运送的呼啦圈最多，哪个小队获胜。

教师组织幼儿进行比赛，在比赛的过程中，提示幼儿遵守游戏规则。当教师喊"游戏结束"时，幼儿停止运送呼啦圈，分别数圈，确定比赛结果。

（3）集体查看，宣布比赛结果。

教师：每个小队数一数，还有几个呼啦圈没有送过去？你知道哪个队运送的呼啦圈最多、哪个队最少吗？你是怎么知道的？

幼儿1：我们送的呼啦圈最多，因为我们队剩下的数量最少。

幼儿2：第三队运送的呼啦圈最少，因为他们剩下的呼啦圈最多。

小结：游戏开始前，每队的呼啦圈总数是一样多的。游戏结束后，剩下的呼啦圈越多，说明送过去的越少。剩下的呼啦圈越少，说明送过去的越多。

4. 放松运动

教师：今天，小朋友们都很能干，用呼啦圈想出这么多好玩的游戏（图2-3-12～图2-3-15），还用呼啦圈开展了比赛。希望小朋友们多动脑筋，能想出更多有关呼啦圈的玩法。现在，让我们一起抖抖小手、抖抖小脚，放松一下吧！

图 2 - 3 - 12

图 2 - 3 - 13

图 2 - 3 - 14

图 2 - 3 - 15

（五）活动反思

1. 玩中学，运动中学，满足幼儿多方面的需要

数学受其学科特点的影响，与其他学科相比，比较抽象和枯燥。游戏和运动是孩子们最喜欢的活动方式。如果将数学知识融入游戏和运动中，让幼儿在玩中学，在运动中学，既可以满足幼儿游戏和运动的需要，又可以很好地完成数学的教学目标。本次活动在探索呼啦圈多种玩法的基础上，将数学核心经验中的"集合与分类"巧妙地与游戏"小螃蟹运圈圈"相结合，引导幼儿在玩中学习并对两个集合的多少进行比较，初步尝试理解简单的函数关系。

2. 运用数学语言进行表达，促进幼儿多元发展

每次游戏后，教师都会通过驱动式提问启发幼儿思考，引导幼儿用数学语言大胆表达，促进幼儿数学思维的发展。幼儿在探索呼啦圈多种玩法及和同伴合作运送呼啦圈的过程中，不仅锻炼了体能和语言沟通能力，而且发展了向同

伴学习、分享与合作的能力。由于本次活动是小组游戏，幼儿在数学思维发展方面又存在个体差异，因此，教师还应关注数学思维发展相对弱的幼儿在活动中的表现，为这些幼儿提供更多表达、操作的机会。

（作者：北京市海淀区富力桃园幼儿园　杨海霞）

活动五　百变跳房子（大班模式）

（一）材料介绍

呼啦圈、软方垫若干（图 2 - 3 - 16、图 2 - 3 - 17）。

扫码看彩图 2 - 3 - 5

图 2 - 3 - 16

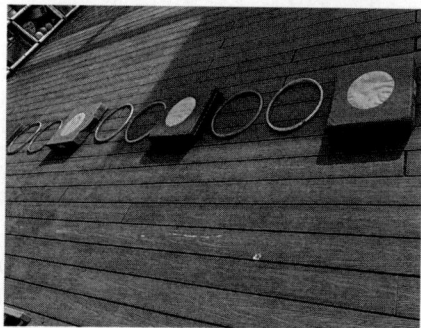

图 2 - 3 - 17

（二）游戏指向的数学核心经验

模式，涉及识别模式的核心单元，运用不同的方式（材料或动作）来表现和创造有规律的模式序列。

（三）幼儿在数学模块中的发展轨迹

模式的识别→模式的复制→模式的扩展→模式的创造。

（四）游戏玩法

1. 创设情境，调动幼儿已有经验

利用"圈、圈、方垫，圈、圈、方垫，圈、圈、方垫……"的模式摆放户外材料，引导幼儿玩"跳房子"的游戏。

教师：小朋友们都玩过"跳房子"的游戏吗？

幼儿：玩过。

教师：老师用呼啦圈和方垫造了"房子"。请小朋友们看一看。咦？这样的排列有规律吗？是什么样儿的规律呢？

幼儿1：有规律，是"圈、圈、方垫，圈、圈、方垫，圈、圈、方垫（AAB、AAB、AAB）……"的规律。

教师：你还能利用呼啦圈和方垫摆出有规律模式的房子吗？

幼儿1：我可以用"圈、方垫，圈、方垫，圈、方垫……"来排列。

幼儿2：我可以用"方垫、方垫、圈，方垫、方垫、圈，方垫、方垫、圈……"来排列。

教师：真棒！请你按照你刚才想到的模式把材料摆出来，咱们一起来玩"跳房子"的游戏吧！

幼儿摆好材料，用双脚跳的方式玩游戏。

2. 玩"造房子"游戏，巩固模式排列经验

教师：如果用呼啦圈和方垫来"造房子"，怎样排列才是有规律的呢？

全体幼儿分为3组，请每组一名幼儿用这两种材料排列不同的模式。

教师：他排列的呼啦圈和方垫有什么规律吗？你能按照这个规律和你的组员接着排列材料吗？

每组其他幼儿按照第一名幼儿的模式规律继续摆放材料。

教师：我们一起来玩跳房子吧！这次还是用双脚跳的方法哦！

游戏可以重复几次，鼓励幼儿创造新的排列规律。

3. 设计不同的动作玩"跳房子"的游戏

引导幼儿利用刚才排列好的材料进行"跳房子"的游戏，如遇到呼啦圈，单脚跳；遇到方垫，双脚跳。

教师：你刚才是怎么跳的？

幼儿1：我是单脚双脚、单脚双脚这样跳的。

幼儿2：我是双脚双脚单脚、双脚双脚单脚跳的。

4. 尝试创造模式，玩"跳房子"游戏

减少材料，请幼儿尝试只用呼啦圈来排列规律"造房子"，再玩"跳房子"。

教师：只能用呼啦圈来造房子，你想怎样排列呼啦圈呢？

幼儿1：可以将呼啦圈排列成"1个圈、2个圈；1个圈、2个圈……"这样的规律。

幼儿2：可以将呼啦圈排列成"2个圈、1个圈、1个圈，2个圈、1个圈、1个圈……"这样的规律。

教师：一起来跳一跳吧！

教师：你还能怎样跳"房子"呢？和你的组员说一说吧！

幼儿以组为单位讨论并尝试各种有规律的跳圈方法。

请各组选出一个代表，展示本组想的方法。教师做记录。

幼儿1：可以摆放一列呼啦圈，单脚、双脚、单脚、双脚……交替跳圈。

幼儿2：可以摆放一列呼啦圈，跳进、跳出、跳进、跳出地跳圈。

幼儿3：可以摆放一列呼啦圈，正跳、反跳、正跳、反跳……

幼儿分组进行"跳房子"比赛，引导幼儿讨论用哪种方法跳圈的速度最快，活动自然结束。

（五）活动反思

1. 活动富有情境性，促进幼儿学习

在活动中，教师不仅要利用并抓住户外活动中的教育契机，创设恰当的学习情境，还应在情境中以一个参与者、合作者的角色，通过制造冲突和提供建议的方式帮助幼儿建构知识。数学是关于客观世界中数量关系和空间形式的科学，具有高度的抽象性。幼儿数学概念的建立必须通过扎实的感性体验，而感性体验的获得必然与具体情境紧密相连。基于情境的学习不仅是与物体发生互动和依据已有经验进行操作，还包括在一定情境下与他人的互动和交流。这种互动和基于交往的认知冲突可以更加有效地帮助幼儿建构知识与概念、发展思维能力。

2. 在游戏中支持幼儿多方面发展

孩子们在"跳房子"的户外游戏中，通过观察户外材料摆放的模式规律，对模式单元进行识别，自己思考，尝试扩展、创造新的模式排列，发展了幼儿的数学思维能力。随着幼儿游戏水平的不断提高，幼儿能够迁移自己的已有经验，增加动作来表现和创造有规律的模式排列，使简单的"跳房子"游戏变得越来越有趣，幼儿的情绪和游戏兴趣也越来越浓厚，不仅在数学逻辑、认知水平等方面获得了发展，还在游戏过程中提高了身体动作的协调性，在与小组同伴交往过程中，也获得了社会性发展。

3. 强调解决问题，学习应用型数学

兴趣和需要是幼儿智力活动最重要的激发因素之一。当幼儿在应用知识的过程中，面对有待解决的问题及认知冲突时，其学习动机很容易被激发起来。运用数学知识解决实际问题也是数学教育最重要的能力目标之一。当然，在活动中，教师应该更多地鼓励幼儿协商、分工，利用本次活动的机会，提高幼儿的合作能力。

（作者：北京市海淀区富力桃园幼儿园　赵宇飞）

活动六 比一比（大班测量）

（一）材料介绍

绳子、尺子、记号笔、A4 纸。

（二）游戏指向的数学核心经验

测量，涉及直接比较和间接比较、测量。

扫码看彩图 2-3-6

（三）幼儿在数学模块中的发展轨迹

直接比较→间接比较→自然测量→标准测量。

（四）游戏玩法

1. 创设情境，调动幼儿已有经验

教师：幼儿园马上要举办运动会了。今天，咱们要进行跳远比赛，选出班级的跳远能手。看看谁能代表咱们班出赛。应该怎么跳呢？怎么跳，才算跳得远呢？

幼儿1：跳远要这样，蹦起来，跳得远就赢。

幼儿2：还要比一比，才能知道谁远。

教师鼓励幼儿自由组队，尝试练习跳远并集中分享。

教师：东东和甜心，谁跳得比较远？你是怎么知道的？

幼儿1：东东跳得远，我用眼睛看到的。

幼儿2：东东在甜心的前面。

教师：他们从哪里开始跳的？咱们可以一眼就看出来吗？

幼儿1：他们没有并在一起跳，看不出来。

幼儿2：量一下，就知道了。

教师：从什么地方开始量？量到哪里？怎么量？

幼儿1：从站着不动的地方开始量。

幼儿2：跳好了，就站着不动。从跳的地方开始量，量到站着的地方。

幼儿3：量的时候要连在一起，不能断。

小结：大家都知道了量的时候，先要确定测量的起点和终点，中间不要有空隙。那一会儿，请大家结对去比赛跳远，自选材料进行测量。咱们根据大家测量的结果选出跳得最远的小朋友。

2. 跳远比赛，进行比较与测量

教师引导幼儿2～5人为一组，分组进行跳远比赛。小组商量并选用一种工具进行测量，记录测量结果。

教师：你们用了什么工具？你们是怎么量的？结果是什么？谁跳得最远？

幼儿1：我们用的记号笔，妞妞跳得最远，5个半那么远。

幼儿2：我们用脚量的，最远的是天天，脚跟、脚尖走了10步。

幼儿3：我们用纸量的，用了4张纸。

小结：你们互相合作，使用材料量出了你们组跳得最远的距离，给你们点赞！几组之间，哪组跳得最远呢？我们能比出来吗？

3. 比较结果，进行新一轮的跳远比赛

教师：各组都记录了小组比赛结果，那么到底谁才是跳远冠军呢？数量大的就远吗？为什么没法比较结果？应该怎么办？

幼儿1：没法比，我们用的东西不一样。

幼儿2：我们的纸比记号笔长，还大，我们应该用一样的东西测量。

幼儿3：参加比赛的小朋友可以站成一排，从一样的地方跳，再量。

小结：测量工具的长度不一样时，测量的结果是不能拿来直接比较的。

教师鼓励幼儿根据商量的结果再次尝试跳远比赛并记录（图2-3-18~图2-3-21）。

4. 自由比赛，活动结束

引导幼儿讨论用哪种方法测量更加方便、快捷，活动自然结束。

图2-3-18

图2-3-19

图2-3-20

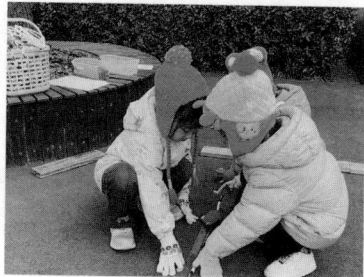
图2-3-21

（五）活动反思

1. 数学来源于生活，又服务于生活

本次活动来源于幼儿生活，解决了他们遇到的实际问题：选出班级跳远选手，参加园所举办的运动会。教师在这样真实的生活和游戏中引导幼儿感受数学的有用和有趣，学习用简单的数学方法解决问题。对于幼儿来说，是一种最自然、轻松和愉悦的学习方式。同时，幼儿还可以迁移这样的经验，在其他的测量活动中加以运用，解决日常生活中的问题。

2. 开放的户外环境，促使幼儿主动探究数学

在这次跳远测量活动中，宽阔的户外环境、丰富的户外材料使幼儿有了更多的选择。幼儿可以自己决定和谁一起测量、从哪儿起跳、用什么材料测量、测量后怎么记录……开放的活动形式、开放的空间引发了幼儿主动探究的愿望。教师适当地退后，等待幼儿自己发现、自己寻找想要获得的答案，鼓励幼儿解决活动中的问题和倾听同伴的观点，帮助幼儿积累更加丰富的感性经验。

（作者：北京市海淀区富力桃园幼儿园　谷梦涵）

第三章 生活化数学活动

活动一 小火车来啦（小班集合与分类）

活动背景

这个活动应用于幼儿早入园签到的场景。请幼儿辨别自己所在组的标识插牌并签到。一方面，幼儿可以通过数一数知道自己组来了几个小朋友。另一方面，有助于培养幼儿对班级的归属感。

扫码看彩图3-1-1

活动玩法

（一）玩法一

1. 投放材料

小花图片、石头图片。

2. 游戏指向的数学核心经验

集合和分类：

（1）物体的属性可以用来对物体进行匹配、分类，组成不同的集合。

（2）同样一组物体可以按照不同的方式进行分类。

3. 幼儿在数学模块中的发展轨迹

根据物体表面的、具体的和简单的特征进行分类→组成不同的集合。

4. 游戏玩法

（1）请幼儿将小花和石头标志的图片分别贴在手上，按照标识有序地排队（图3-1-1）。小花代表女孩，石头代表男孩。小花队站成一列小火车，石头队站成一列小火车。当幼儿上火车时，要大声地说出自己的名字。第一个小朋友说完后，第二个小朋友马上跟上，就像开火车一样，一个接着一个地说下去。

教师：石头队都有哪些男孩上了车？快来看看，你身边的小朋友，还有哪个男孩没有上火车？

（2）按照女孩外形特征之一的头发进行分类。教师先将女孩照片投在大屏幕上，区分哪些女孩是短发、哪些女孩是长发，先请小花队短头发的女孩子上火车（图3-1-2）。

教师：今天，小花队短头发的女孩子都上火车啦！再请小花队长头发的女孩子上火车。小朋友们快来看一看，哪个长头发的女孩子还没有上火车？

幼儿：××小朋友没有上火车，还有××小朋友也没有上火车。

教师：小花队的小朋友们都上火车啦！小火车喊嚓——喊嚓——开动啦！

图3-1-1

图3-1-2

5. 教师建议

（1）幼儿在游戏前要有区分男孩、女孩的经验。教师可以引导幼儿先区分不同性别的外形特征，再按照特征进行分类，同一类的幼儿站成一队。

（2）教师需要引导幼儿对短发女孩有明确的认知，明确短发的不一定都是男孩。

（二）玩法二

1. 投放材料

带有水果标志的火车签到板、照片牌。

2. 游戏指向的数学核心经验

（1）数概念模块中的"数数"，具体涉及点数。

（2）分类与集合，物体的属性可以用来对物体进行匹配、分类，组成不同的集合。

3. 幼儿在数学模块中的发展轨迹

一一对应→点数集合中数量的多少→对物体进行匹配、分类→组成不同的集合。

4. 游戏玩法

教师将带有草莓、西瓜、桃子、橘子、葡萄标志的火车签到板放在门口。幼儿晨练结束后，进入班里，整理物品后，有序地将自己的照片牌插到相应水果火车的火车厢里。坐在草莓组的小朋友对应草莓小火车，坐在西瓜组的小朋友对应西瓜小火车（图3-1-3）。今日入园的幼儿插牌，没有入园的幼儿照片牌放在下方的口袋里。集体活动前，师幼一起看签到板，看一看哪个小朋友没有入园。

教师：西瓜小火车有5个小朋友准时上车啦！××小朋友今天没有上车。草莓小火车有6个小朋友准时上车啦！小朋友们都到齐啦！

教师：××小朋友，你来看看，你是哪列小火车的？

幼儿：我是橘子小火车的。

教师：橘子小火车的小朋友们也都到齐了。请小朋友们坐好（图3-1-4）。小火车喊嚓——喊嚓——现在，5列小火车就要出发啦！让我们一起开启今天的奇妙之旅吧！

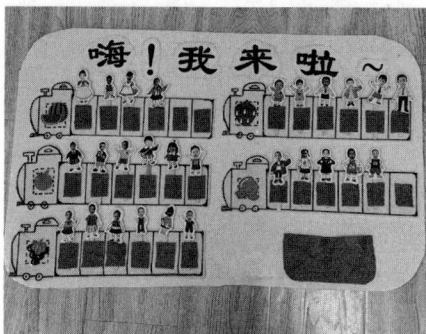

图3-1-3

图3-1-4

5. 教师建议

（1）引导幼儿观察自己所在的水果小火车人数，知道自己是哪列小火车的成员。

（2）水果小火车全部到齐后，和幼儿再次共同回忆每列小火车里缺少哪个小朋友，谁没有坐上自己的专属小火车（如，西瓜组小朋友只能坐西瓜小火车，不可以坐其他的水果小火车）。

（作者：北京市海淀区富力桃园幼儿园 邢金然）

活动二 美味小点心（小班数概念）

活动背景

加餐环节，教师为每组幼儿分发小点心。幼儿会围在教师身边，对教师分发点心的行为非常感兴趣。于是，教师借助这样的教育契机，引导幼儿尝试点数小点心，并将数好的点心分到每个餐盘中。

扫码看彩图 3-2-1

活动玩法

（一）玩法一

1. 投放材料

小点心、餐盘。

2. 游戏指向的数学核心经验

数数，涉及目测数、点数。

3. 幼儿在数学模块中的发展轨迹

口头点数→按物点数→说出总数→按群点数。

4. 游戏玩法

上午的加餐时间到了。小朋友们分组洗手后，拿着小水杯，去端自己盘子里的小点心。教师发现幼儿会不由自主地说："老师，我的盘子里有好几块小点心。"听到这里，教师引导幼儿数一数自己盘子里到底有几块点心。于是，幼儿认真地数了起来。有的小朋友很快数完，说："老师，我的小点心有 3 块！"还有的小朋友则说："老师，我有 5 块点心呢！"教师发现，幼儿点数的方法存在差异性。于是，引导幼儿尝试用点一个、数一个的方法数数（图 3-2-1、图 3-2-2）。当教师再次邀请幼儿点数自己的小点心时，发现这次大部分幼儿都数对了。

5. 教师建议

（1）小班幼儿在点数时，由于经验不足，往往出现数错或者漏数的问题，教师需要观察幼儿出现了哪些问题并加以指导。

（2）教师在关注幼儿点数时，需要指导幼儿学会"点一个、数一个，数到最后是总数"的方法。

图 3 - 2 - 1

图 3 - 2 - 2

（二）玩法二

1. 投放材料

点心、小盘子。

2. 游戏指向的数学核心经验

（1）一一对应。

（2）数数可以用来确定一个集合中所有物体的数量。唱数、点数、按群数是不同的数数方法。

（3）数数的基本原则：一一对应原则，一个集合中的物体必须且只能点数一次。

3. 幼儿在数学模块中的发展轨迹

点数→一一对应→数量比较。

小班幼儿计数能力的发展由最初的口头数数发展为按物点数，然后能够说出总数。同时，在动作发展方面，幼儿通过触摸物体到指点物体，最后说出总数。

4. 游戏玩法

加餐环节，教师发现幼儿对点数盘子里的点心感兴趣。于是，邀请幼儿分发点心。教师先将盘子一一摆放在桌子上，请幼儿将点心一个一个地拿出来（图 3 - 2 - 3），再分别放在每一个盘子里（图 3 - 2 - 4）。在这个过程中，幼儿出现了有的盘子里发多了、有的盘子里没有点心的情况。于是，教师鼓励幼儿将盘子摆好，拿一个点心，就放到一个盘子里。这样就不会出现有的点心多、有的点心少的问题了。

5. 教师建议

（1）幼儿还不太明白对应的含义。因此，教师需要引导幼儿通过一次次不断尝试、操作来感知什么是对应。

（2）小班幼儿对于多与少的理解还不够清晰，需要教师进一步引导。

图 3-2-3　　　　　　　　　　　图 3-2-4

（作者：北京市海淀区富力桃园幼儿园　李　梦）

活动三　能干的小手（中班空间方位）

活动背景

扫码看彩图 3-3-1

在班级中，每个幼儿的水杯格都有固定的位置。有的时候，孩子们稍不注意容易拿错杯子。为了让孩子们记住自己水杯格的位置，我们围绕水杯格和孩子们一起玩游戏，提高幼儿一一对应和空间方位数学能力的同时，让幼儿了解标志的作用，让它更好地服务于生活、方便生活。

活动玩法

（一）玩法一

1. 投放材料

水杯格（图 3-3-1）、小狗标志贴（图 3-3-2）。

图 3-3-1　　　　　　　　　　　图 3-3-2

2. 游戏指向的数学核心经验

空间方位，涉及感知空间方位及运用方位词语描述物体所在的位置。

3. 幼儿在数学模块中的发展轨迹

以自身为中心到以客体为中心，按顺序由易到难地学习方位词（上下、中间、旁边）。

4. 游戏玩法

教师可以在水杯格中心位置贴上小狗头像贴纸，引导幼儿依据小狗头像寻找自己的水杯格位置，找到自己的水杯。比如，"小狗右边第三个格子里的水杯是我的水杯。""我的水杯在小狗的最上面那一层。""小狗的下面是我的水杯。"

教师以幼儿喜欢的动物图卡贴纸为参照物，引导幼儿建立初步的空间方位概念。在这个过程中，教师也要注意运用方位语言，比如，"小狗旁边第4个格子，是谁的位置？""你好朋友的水杯格位置在小狗头像的哪一边呢？"教师引导幼儿在尝试借助小狗头像建立空间方位的同时，也鼓励幼儿尝试用简单的方位词来描述自己水杯格的位置。

5. 教师建议

（1）关注方位词。教师需要关注幼儿是否能够正确运用简单的方位词来表述自己或他人水杯格的位置，并能够辨认出上面、下面及旁边。

（2）生活教育。幼儿排队取餐时，教师可以请幼儿说一说自己的前面和后面分别是谁。

（3）寻找小玩偶。一名幼儿蒙上双眼，听指令，寻找小玩偶。另一名幼儿作为引导者，通过发出前进、后退、旁边、停等指令提示，帮助伙伴找到小玩偶。

（4）熟悉《小手爬》儿歌。幼儿一边念儿歌，一边用双手"爬到"身体的相应部位，根据儿歌里说到上下、前后、里外的顺序，让小手在相应的空间位置做动作。如，耳朵上面跳跳（手放在耳朵最上面的部位，做跳跃状），耳朵后面走走（手放在耳廓后面，做走路状），耳朵里面躲躲（手放在耳廓里躲着）。

（二）玩法二

1. 投放材料

水杯格，号码贴纸（例如1，4）（图3-3-3），水杯格展示墙。

2. 游戏指向的数学核心经验

空间方位，涉及感知空间方位及点数。

3. 幼儿在数学模块中的发展轨迹

以自身为中心到以客体为中心，按顺序学习方位词（上下——前后——旁边）。

1, 1	1, 2	1, 3	1, 4	1, 5	1, 6	1, 7	1, 8	1, 9	1, 10
2, 1	2, 2	2, 3	2, 4	2, 5	2, 6	2, 7	2, 8	2, 9	2, 10
3, 1	3, 2	3, 3	3, 4	3, 5	3, 6	3, 7	3, 8	3, 9	3, 10
4, 1	4, 2	4, 3	4, 4	4, 5	4, 6	4, 7	4, 8	4, 9	4, 10

图 3 - 3 - 3

4. 游戏玩法

幼儿自由地选择水杯格的位置。教师可以制作水杯格展示墙，作为幼儿游戏的支持材料。为了方便幼儿了解每一个水杯格的位置，教师可以设计一个水杯格展示墙，上面清晰地标注出位置牌。当幼儿在水杯格展示墙选好位置后，教师在班级水杯格的位置放好标签，使幼儿能够直观地看到自己选好的水杯格及剩余的水杯格位置。

5. 教师建议

（1）教师需关注幼儿是否能够自主挑选水杯格的位置，并尝试用正确的方位词描述自己水杯格的位置。

（2）确认幼儿是否建立了从左往右数的概念，是否能依据标签正确地找到对应的水杯格位置。

（3）阅读绘本故事《谁藏起来了》，在引导幼儿寻找物体的基础上，鼓励幼儿用语言描述第几排第几位藏起来了，藏在什么物体的什么方位。

（4）午睡环节，教师可以依据"标签式空间方位"的方法，引导幼儿自由挑选自己的床位，并说一说自己的床在什么位置。

（三）玩法三

1. 投放材料

完整的水杯格展示墙。

2. 游戏指向的数学核心经验

空间方位，涉及感知空间方位及运用方位语言描述物体具体位置。

3. 幼儿在数学模块中的发展轨迹

以自身为中心到以客体为中心，由易到难，按顺序学习方位词（上下——前后——旁边）。

4. 游戏玩法

当水杯格展示墙全部完成后，教师可以在过渡环节对幼儿提问："你的水杯格位置在哪里？你的水杯格在谁的和谁的中间？你周围（上面、下面、旁边）分别是谁的水杯？"这些问题指向性明确，有利于幼儿感知水杯格的空间位置，巩固利用方位词描述自己水杯格的具体位置，从而积累幼儿运用方位词的语言经验，进一步强化空间方位概念。

5. 教师建议

（1）幼儿已初步建立一定的空间方位概念，并能够用简单的方位词描述自己的水杯格位置。教师在这其中还要关注同伴间的学习，幼幼之间的相互提问也是幼儿认知水平提升的一个途径。

（2）教师可以在生活中评估幼儿的空间方位感知能力。户外游戏中，教师带领幼儿在幼儿园的不同位置开展游戏活动，例如，请幼儿说一说幼儿园大门、班级、操场的位置。

（作者：北京市海淀区富力桃园幼儿园　王　菲）

活动四　收玩具（中班几何图形）

活动背景

在每天的区域游戏结束时，教师发现有的小朋友会把玩具放错位置。为了更好地解决这个问题，提高幼儿整理玩具的能力，教师结合小朋友们近期感兴趣的图形游戏，开展了给玩具找家的游戏。

扫码看彩图 3-4-1

活动玩法

（一）玩法一

1. 投放材料

各种玩具、区域玩具筐及区域玩具柜（上面有对应颜色和形状的图形）、音乐。

2. 游戏指向的数学核心经验

图形特征，对图形特征的分析与比较可以帮助我们给图形定义和分类。

3. 幼儿在数学模块中的发展轨迹

图形特征（匹配、认知、命名）→图形分解与组合→图形变换（移动、简单旋转、移动与旋转组合）。

4. 游戏玩法

幼儿听到收玩具的音乐后，先将自己玩的玩具收放整齐。幼儿需要看清楚玩具筐或者盘子中标志的图形和颜色，端着玩具到玩具柜前，将玩具放到对应图形的柜格里。

在游戏的过程中，教师发现幼儿对于数学区的玩具盘子整理得很棒，都能找到对应的图形（图3-4-1、图3-4-2）。但是，表演区的幼儿在收玩具的时候，收得不整齐，经常随便放。如，衣服脱下来，直接放在柜子上，就走了。于是，教师和幼儿一起分析了收拾不整齐的原因。第一就是幼儿没有看自己盘子里的图形，看到玩具柜哪里空着，就直接摆在哪里了；第二就是没有自我约束，听到放音乐了，就想着赶快收完出去，没有想着玩具有没有摆整齐的事情。

讨论之后，我们决定一起通过编儿歌的方式将收玩具的内容编进儿歌里，在区域活动快要结束的时候，提前播放这首小儿歌。小朋友们在听到小儿歌的时候，就能提醒自己注意收玩具的顺序，也能提醒自己关注手中玩具托盘上的图形标志，按照图形标志去找玩具柜上相应的图形标志。

在播放儿歌时，幼儿会通过儿歌的提示找到正确的图形进行匹配，真正地解决了收放玩具位置有误的问题。

附儿歌：

收 拾 东 西

收拾、收拾，大家一起来收拾。收拾、收拾，把东西都收起来。

脱下你的衣服，把它挂整齐，看看你的盘子贴着什么图形，

看看柜子上面有什么图形，找到一样的对应放，玩具回家真开心！

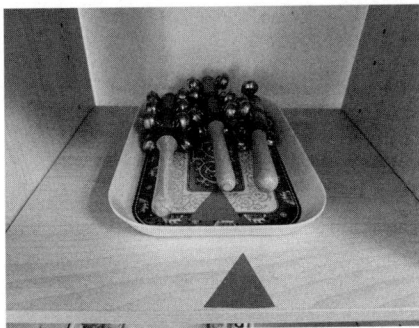

图 3-4-1

图 3-4-2

5. 教师建议

这个游戏比较适合刚刚升入中班的幼儿，他们认识更多的图形，可以选择比小班时更多的图形。对于幼儿来说，稍难辨识的图形有菱形、梯形、多边形等。

（二）玩法二

1. 投放材料

玩具筐（标有两种平面图形）、玩具柜（标有两种平面图形的组合图形）。

2. 游戏指向的数学核心经验

图形的分解与组合：在提供一种几何图形轮廓图的情况下，用至少3块几何图形拼板拼出这个简单的图形→借助几何图形组合范例图，用拼板拼出这个组合图形→认识并找出平面图形和立体图形之间的关系。

3. 幼儿在数学模块中的发展轨迹

图形特征（匹配、认知、命名）→图形分解与组合→图形变换（移动、简单旋转、移动与旋转组合）。

4. 游戏玩法

幼儿听到收玩具的音乐时，首先将自己的玩具整齐地摆放到玩具筐里，然后看清楚自己玩具筐上面的图形，例如：圆形和正方形，幼儿需要到对应的柜子处找到一个图形，里边既有圆形，又有正方形，然后，将玩具筐摆放到对应的位置。摆放好之后，教师会带领全体幼儿一起来查看幼儿摆放得是否正确，请幼儿说一说自己找到的图形是什么。

小朋友们发现改变标志之后，自己在收整玩具时，不容易找到对应的标志。幼儿有了之前游戏的经验，主动提出还是要用小儿歌的方式来提醒自己。因为是两个图形拼成一个图形，所以我们在编小儿歌的时候，小朋友们说出了很多不一样的版本。我们就把每个小朋友说的小儿歌都用手机录了下来，平时播放一下，一起来听一听，加深幼儿印象。在游戏结束时，我们也把收玩具时播放的音乐改成了我们自己编的小儿歌。小朋友们在听到自己编的小儿歌后，收玩具时，能主动将玩具摆放整齐了。

附儿歌：

收 拾 玩 具

收拾、收拾，大家一起来收拾，收拾、收拾，把东西都收起来。

收起你的玩具，捡起你的书，放好你的拼图，动作要迅速。

收起你的画笔，还有小积木，我们一起来玩图形对对碰。

图形变变变

圆圆圆、方方方，圆圆方方变纽扣；

圆圆圆、三角形，圆圆三角变万花筒；

三角三角、方方方，三角方方变手绢；

圆圆圆、梯梯梯，圆圆梯形变钻筒；

方方方、梯梯梯，方方梯形变小桥。

图 3 - 4 - 3

图 3 - 4 - 4

5. 教师建议

教师需要在游戏开展之前，丰富幼儿前期经验，比如，玩过两个图形拼在一起后变成新图形的游戏，这样，才能让大部分幼儿都能完成这个收拾玩具的任务。

在平时，比如过渡环节或户外活动前的等待环节，教师可以反复播放幼儿编的小儿歌，让所有幼儿熟悉并记住儿歌，最终将收拾玩具时找到图形的时间变短。

（作者：北京市海淀区富力桃园幼儿园　孙莉莉）

活动五　排排队（大班比较）

活动背景

扫码看彩图 3 - 5 - 1

本游戏可以运用在区域活动及收放材料环节。幼儿在进行编织游戏、搭建游戏需要比较时，可以引导幼儿运用本游戏提到的方法解决问题。在收放图书时，也可以通过"书本叠叠乐"的方法进行比较，然后按照比较的结果收放图书。

活动玩法

（一）玩法一

1. 投放材料

图书、积木等。

2. 游戏指向的数学核心经验

测量与比较，在比较物体属性的基础上，可以按照其量的差异特征进行排序。

3. 幼儿在数学模块中的发展轨迹

用直接比较的方法判断两个物体的大小、长短、高矮→在比较的基础上，给5～6个物体按照量的差异特征排序→在比较过程中，体验量的守恒。

4. 游戏玩法

（1）书本叠叠乐（用重叠法整理图书）：就是把书本重叠放置，比较书本的高度，按照从高到矮的顺序码放书本（图3-5-1）。

（2）积木排排队（用并放法选择积木）：我们可以对建构区里的积木进行比较，把积木一块一块地放好，每块积木的一端要对齐，形成一条直线，并排放置，再比较积木的长短或厚薄（图3-5-2）。这种比较物体长短或厚薄的方法，我们称之为"并放法"。

图3-5-1

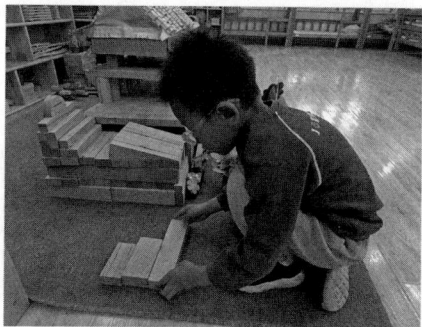

图3-5-2

5. 教师建议

（1）注意调动幼儿的多种感官，让幼儿在看看、摸摸、摆摆的过程中进行比较，以便区分物体量的差异。

（2）延伸活动：出示两块形状一样、大小不同的积木，问幼儿哪个轻、哪个重，还是两个一样重。再进行验证，让幼儿知道同样材质的物体，大的、多的重，小的、少的轻。

（二）玩法二

本游戏可以在过渡环节、幼儿饭后散步或者排队往返的途中进行。排队行走时，幼儿会和教师一起说儿歌。教师可以引导幼儿把日常生活中的物品大小编到儿歌里，可以是直接比较，如儿歌《大小多少来比较》，也可以是间接比较，如儿歌《动物园里动物多》。

1. 投放材料

各种各样的小贴纸。

2. 游戏指向的数学核心经验

测量与比较，物体之间可以直接比较，也可以间接比较。当无法直接比较时，可以采用间接比较的方法，在比较过程中体验量的相对性。

3. 幼儿在数学模块中的发展轨迹

用直接比较的方法判断两个物体的大小、长短、高矮→在比较的基础上，给5~6个物体按照量的差异特征排序→在比较过程中，体验量的守恒。

4. 游戏玩法

在幼儿等待或者排队行走时，教师可以和幼儿一起创编和说唱比较类的儿歌。幼儿可以一人一句轮流说唱，也可以男孩、女孩对唱。儿歌可以结合幼儿的生活经验，以幼儿常见的食物、动物等内容为主，进行创编。

附儿歌：

大小多少来比较

一个大，一个小，一个苹果、一颗枣。

一边多，一边少，一群大雁、一只鸟。

数一数，瞧一瞧，大小、多少记得牢。

动物园里动物多

动物园里动物多，大大小小一大窝。

今天我们来比较，从小到大排好了。

蚂蚁青蛙碰一碰，蚂蚁躲进青蛙肚。

青蛙兔子击个掌，青蛙跳起来伸手。

兔子老虎跳个舞，兔子累得喘呼呼。

老虎河马荡秋千，河马使劲不动弹。

动物大小明白了，从小到大说说看，

蚂蚁青蛙在前面，兔子老虎跟后面。

最大要数大河马，还有什么找找看。

5. 教师建议

（1）幼儿日常生活中的许多活动都与量的比较有着紧密的联系。因此，在活动的设计和组织中，教师要善于利用生活情境，将数学概念的学习放在一个基于儿童生活的情境中，以帮助他们更好地感知、发现和思考。

（2）在日常活动中，教师还可以通过各种游戏加深幼儿对物体大小、长短、粗细、高矮等的认识。

（作者：北京市海淀区富力桃园幼儿园　刘天天）

活动六　吹蜡烛（大班数运算）

活动背景

过生日是小朋友们最喜欢的话题。教师结合幼儿的生活经验和每月利用自助餐给当月小朋友过生日的契机，和幼儿一起创编了手指谣。在过渡环节时，师幼可以一起玩手指谣的游戏，避免浪费等待的时间，同时在游戏过程中也能让幼儿体会数量的变化。

扫码看彩图 3-6-1

活动玩法

（一）玩法一

1. 游戏形式

幼儿以手指谣的形式进行游戏。

2. 游戏指向的数学核心经验

数运算模块中数量的变化：给一个集合添加物体（组合），会让集合变大；而拿走一些物体（分解），则会让集合变小。

3. 幼儿在数学模块中的发展轨迹

对数量变化的感知从动作水平发展到概念水平，从逐一加减到按数群加减。

4. 游戏玩法

幼儿伸出双手，将 10 根手指比作 10 根生日蜡烛，边念儿歌《吹蜡烛》边做相应的动作（图 3-6-1、图 3-6-2）。

附儿歌：

吹 蜡 烛

我们一起吹蜡烛。

10 根蜡烛，10 根蜡烛，放在蛋糕上。

吹了一根，灭了一根，还有 8 根。

8 根蜡烛，8 根蜡烛，放在蛋糕上。

吹了一根，灭了一根，还有 6 根。

6 根蜡烛，6 根蜡烛，放在蛋糕上。

吹了一根，灭了一根，还有 4 根。

4 根蜡烛，4 根蜡烛，放在蛋糕上。

吹了一根，灭了一根，还有 2 根。

2 根蜡烛，2 根蜡烛，放在蛋糕上。

吹了一根，灭了一根，蜡烛吹完啦！

图 3-6-1

图 3-6-2

5. 教师建议

此游戏可以在过渡环节开展。游戏迁移了幼儿吃生日蛋糕前吹蜡烛的情境，模拟了吹蜡烛的场景，在边说儿歌边做手指动作的过程中体会数量的减少，帮助幼儿对数量变化的感知从动作水平逐步发展到概念水平。

（二）玩法二

幼儿在过渡环节有了玩手指谣的经验。作为经验的延续和拓展，幼儿可以在区域游戏中继续就儿歌的内容进行有材料的游戏，迁移生活经验，通过操作材料，体验数量的变化。

1. 投放材料

橡皮泥或面团若干、装饰蛋糕的配件，如串珠、豆子等，扭扭棒每人 6 根。

2. 游戏指向的数学核心经验

数量变化：给一个集合里添加物体能让集合变大（组合），而拿走一些物体能让集合变小（分解）。

3. 幼儿在数学模块中的发展轨迹

对数量变化的感知从动作水平发展到概念水平，从逐一加减到按数群加减。

4. 游戏玩法

教师在幼儿掌握手指谣玩法的基础上，通过制作蛋糕的游戏情境，引导幼儿发现蜡烛数量的变化。

（1）每个幼儿利用材料制作自己喜欢的蛋糕。

（2）教师引导幼儿试一试在蛋糕上装饰蜡烛，提示幼儿关注蜡烛的颜色，如，小朋友过 6 岁生日需要 6 根蜡烛，要有蓝色和黄色两种颜色的蜡烛。

（3）幼儿尝试操作，教师引导幼儿关注蛋糕上不同颜色蜡烛的数量。

（4）操作结束后，教师引导幼儿说一说自己蛋糕上有几根蓝色和几根黄色的蜡烛（图 3-6-3）。

（5）幼儿对蜡烛的颜色进行记录（图 3-6-4），在操作的过程中，感知 6 的组成和数量的变化。

图 3-6-3

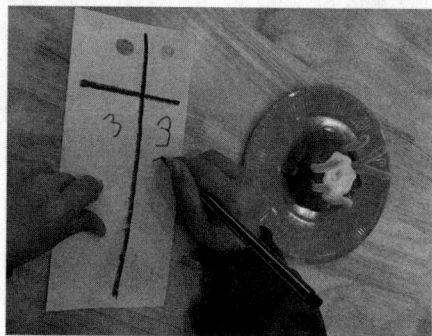

图 3-6-4

5. 教师建议

由手指游戏过渡到材料操作时，教师可以引导幼儿关注装饰蛋糕的蜡烛，要求一共 6 根蜡烛、2 种颜色，思考有多少种组合的方式，这就涉及了数的分解与组成。此次操作在"吹蜡烛"玩法一的基础上增加了游戏难度。活动过程中，教师也要及时帮助幼儿总结数学经验，引导幼儿关注生活活动中的数学现象。

（作者：北京市海淀区富力桃园幼儿园　霍烁煊）

第四章　自然化数学活动

活动一　好玩的树叶（小班集合与分类）

（一）材料介绍

各种形状、颜色、大小不同的树叶。

（二）游戏指向的数学核心经验

集合与分类，涉及匹配、一级分类。

扫码看彩图 4-1-1

（三）幼儿在数学模块中的发展轨迹

1. 内容方面

观察发现物体特征→匹配分类→说出匹配的理由→按照同一种特征分类→集合之间的数量比较。

2. 动作方面

观察物体特征→说出物体特征→按照特征匹配→按照同一种特征分类。

（四）第一阶段游戏：捡落叶

1. 投放材料

树叶若干。

2. 幼儿第一次游戏

秋高气爽，落叶纷纷。孩子们在这个时节最喜欢做的事情就是捡树叶。他们会把地上的各种落叶都捡起来。面对孩子们的兴趣，教师引导幼儿一起玩"捡落叶"的游戏。幼儿开始捡自己喜欢的树叶，还兴奋地告诉教师自己捡了很多的树叶，有的叶子是黄色的，有的是绿色的，有的是橘色的……有的幼儿说"捡到了一片很大的树叶"（图 4-1-1），还有的幼儿说"我的叶子是小的"等。

3. 发现问题

幼儿在游戏中更注重捡的过程，没有收集、分类的意识。

4. 调整

教师在游戏规则上进行调整，对幼儿捡树叶提出要求，引导幼儿在捡树叶

的过程中感知捡的树叶具有同一特征。

5. 幼儿第二次游戏

上次游戏后，幼儿对于捡树叶的兴趣还很浓厚。于是，教师调整了游戏的要求，请每个幼儿捡黄色的树叶和绿色的树叶。在要求更加清晰的基础上，幼儿按照要求开始捡树叶，之后把树叶按照教师的提示分别放在一起。绿色的叶子放在一起，黄色的叶子放在一起（图4-1-2）。然后，教师又发出指令，寻找扇形的叶子和圆形的叶子，然后把相同形状的叶子摆放在一起。幼儿发现通过这样摆放，可以很容易地看出两边放的都是什么形状的叶子。原来分一分，可以让大家更清楚地知道自己需要的叶子在哪里。

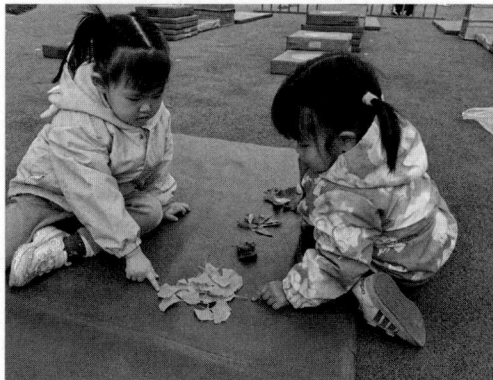

图4-1-1 图4-1-2

（五）第二阶段游戏：落叶找朋友

1. 投放材料

树叶若干。

2. 幼儿第一次游戏

幼儿经过一段时间的捡树叶游戏后，对于发现叶子的一些外在特征都非常熟悉了，他们开始对树叶的形态感兴趣了，会把自己找到的、喜欢的叶子拿到教师身边。

幼儿1：老师，你快看！我找到了一片很大的叶子，特别大！

幼儿2：老师，看，我的叶子小小的，还是黄色的呢！

幼儿3：我的叶子有各种各样的，好多好多啊！

听到幼儿对于自己捡到树叶的表达，教师介入了他们的游戏，用游戏情境鼓励幼儿给自己收集到的落叶分类。教师说："小树叶落下来，找不到它的朋友了。我们快来帮它们找朋友吧！好朋友都有一样的地方，你看看谁和谁是好朋友呢？"听了教师的话，幼儿把自己收集的叶子都放在了地上，开始给树叶分类（图4-1-3）。

3. 发现问题

教师发现幼儿在分类的过程中，更多地还是按照颜色、大小进行分类。

4. 调整

幼儿再次收集落叶后，教师和幼儿分享了自己收集到什么样儿的叶子，有大叶子、小叶子，有不同颜色的叶子，有不同形状的叶子，有干的叶子、有的叶子有洞等。

5. 幼儿第二次游戏

教师引导幼儿细致观察叶子的外形特征，再请幼儿给叶子分分类，说一说自己把什么样儿的叶子放在了一起。之后，鼓励幼儿数一数，哪堆叶子最多（图4-1-4）。

 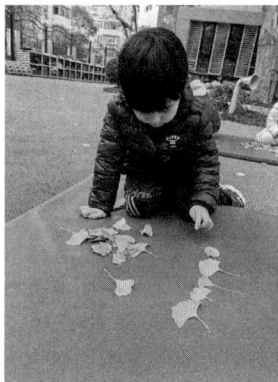

图4-1-3　　　　　　　　　　图4-1-4

（六）活动反思

大自然的一草一木都是幼儿游戏的材料。只要幼儿兴趣浓厚，所有的物品都是可以成为他们学习和游戏的材料。教师结合季节特点，以及幼儿对落叶的兴趣点，生成了这次游戏。游戏是孩子们学习的主要方式。虽然小班幼儿自主学习的能力较弱，但他们的学习兴趣也是非常浓厚的。教师合理利用自然物材料，加上幼儿的兴趣，使本次游戏达到了很好的学习效果。

1. 优点

（1）幼儿发展。

①通过这次生活化的自然游戏，小班幼儿的分类能力有了明显的提高，他

们能根据要求匹配叶子，并按照同一属性进行分类。

②每次游戏，幼儿都能根据要求独立思考，如匹配环节中，能按照要求寻找叶子并归类，之后的分类环节中，也能根据自己的想法摆放叶子，并尝试着说出分类的理由。

③在游戏中，幼儿能够模仿学习别人的学习方法，转化为自己的认知和经验并指导实践。模仿学习也是小班幼儿学习的一个典型特点。

（2）教师发展。

①保持幼儿对树叶的兴趣，尊重幼儿喜爱树叶的情感，满足幼儿捡拾落叶的需求。

②尊重幼儿个体差异，等待幼儿成长。

教师在幼儿游戏过程中，多以鼓励的方式帮助幼儿了解自己的学习与游戏过程，并以游戏的口吻引导幼儿巩固匹配、分类的能力。在幼儿出现问题时，教师没有马上指导，而是利用游戏情境，带动幼儿观察、发现树叶更多的不同之处和相同之处，为之后的自主分类做准备。

③关注游戏中幼儿数学能力的发展。

在这次游戏中，教师也非常注重幼儿生活中数学能力的运用，并且每次游戏都是追随幼儿的兴趣和发展需求开展的，让幼儿在感兴趣、喜欢玩的同时，尝试用数学能力解决问题。

2. 不足

当然，这次好玩的树叶游戏中还有很多不足。因为小班幼儿年龄小，所以在游戏过程中，孩子们主要是根据教师的要求进行游戏与学习，自主学习和主动探索相对较少。有关树叶的游戏还有很多种玩法，在今后的活动中，教师也可以继续追随幼儿的兴趣点，鼓励幼儿探索新的学习内容。

（作者：北京市海淀区富力桃园幼儿园 高 杰）

活动二 树叶也排队（小班比较）

（一）材料介绍

每人 5 片大小不一的同种树叶。

（二）游戏指向的数学核心经验

量的比较，涉及比较、直接比较、间接比较。

扫码看彩图 4-2-1

（三）幼儿在数学模块中的发展轨迹

目测比较→触觉比较→从小到大或从大到小排序。

（四）第一阶段游戏

1. 投放材料

每人 5 片大小不一的同种树叶（图 4-2-1、图 4-2-2）。

图 4-2-1

图 4-2-2

2. 幼儿第一次游戏

每个小朋友数出 2 片树叶，先对比树叶的大小，再将树叶按照从大到小的顺序排序并叠摆起来。掌握玩法后，依次递增树叶的数量，3 片、4 片直至 5 片。

3. 发现问题

当树叶的数量增加时，幼儿在对比树叶的过程中，个别幼儿容易对比完一片树叶，将其放在一边，忽略了对比过的树叶应该放在哪里，然后再次一片一片地对比，找位置。

4. 调整

鼓励幼儿先从大的树叶开始找，然后再一一对比，依次摆放。

5. 幼儿第二次游戏

在第一次游戏后，孩子们通过探索感知了树叶的大小不一致，因为不是套娃的模式，他们没有办法一片一片地尝试比较，再根据大小摆在一起，所以只能一一对比后，再根据树叶的大小进行排序。有的幼儿会因为对比后摆放在一边，从而忽略了叶子摆放的位置，需要教师的引导再次对比后摆放。于是，教师鼓励幼儿先将树叶从大到小依次摆成一排后，再根据顺序重叠着摆放在一起。

（五）第二阶段游戏

1. 投放材料

每人 5 片大小不一的同种树叶。

2. 幼儿第一次游戏

在游戏过程中，幼儿能够专注地对比树叶的大小，再从大到小地摆放树叶，减少了幼儿重复对比的情况。但是对于大小相近的树叶，还是需要通过直接对比才能判断它的位置，即应该把它放在哪里。摆放好树叶后，教师引导幼儿依次摆放手里剩下的树叶。

3. 调整

为了增加游戏的难度和趣味性，教师鼓励幼儿先观察教师如何摆放，再自行摆放。幼儿在摆放的过程中，可以根据教师摆放的树叶和自己的树叶是否重合判断大小，然后根据对比的结果进行摆放。当幼儿熟练后，教师鼓励幼儿通过目测判断最大和最小的树叶，知道将其摆放在这一排树叶的两端，再根据左右树叶对比进行大小排序。幼儿只有在对比的过程中才能探究并发现大小，也能说出"哪片树叶比哪片树叶大"的比较结果。

（六）活动反思

1. 优点

（1）幼儿发展。

①幼儿在活动中通过比较不断变换着树叶摆放的位置，能够分辨树叶的大小，在探索的过程中享受着游戏的快乐。

②因为树叶位置不断变化，所以幼儿在摆放树叶时也需要有更多的尝试、操作和思考。大多数幼儿的注意力持续时间较长，是因为有一定的兴趣支持。

③幼儿能够目测出最大的树叶和最小的树叶，但是对于中间大小的树叶还需要用叠放对比的方式进行比较，相比最初排序时有一定的进步。

（2）教师发展。

教师在持续观察幼儿的过程中能够发现幼儿的发展轨迹，通过支持幼儿的活动策略感知幼儿发展需要哪些支持，用于比较的树叶从少到多依次增加，对比的难度也是由简单到复杂，在对比的过程中，用依次排序、填补空缺、叠摞排序的方式进行，在操作的过程中，鼓励幼儿熟练掌握、感知对比的方式和技能，为幼儿提供更有效的学习方式。

2. 不足

小班幼儿应掌握 5 以内的点数和对比，对于个别幼儿来说，还需要有卡片的支持。如果游戏难度加大，幼儿的兴趣就会降低，从而减少操作，后续的活动参与较少。因此，教师应多关注那些需要帮助的幼儿，通过减少树叶数量和提供卡片的方式降低难度，进而引导幼儿不断摆放、对比，加深对树叶大小的理解。对于能力较强的幼儿来说，可以通过摆放、目测对比树叶的大小。

（作者：北京市海淀区富力桃园幼儿园　苗昕宇）

活动三　**传石头（中班数概念）**

（一）材料介绍

每人 5 颗石子；红色和黄色石子若干；1～10 的数字卡片一套（图 4 - 3 - 1、图 4 - 3 - 2）。

扫码看彩图 4 - 3 - 1

图 4 - 3 - 1

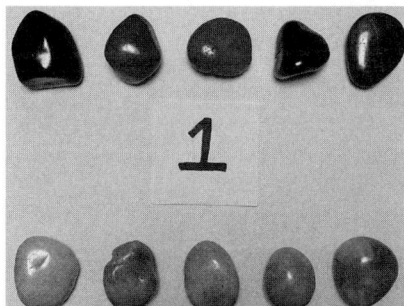

图 4 - 3 - 2

（二）游戏指向的数学核心经验

数概念，涉及按物点数、目测数、了解数量变化等。

（三）幼儿在数学模块中的发展轨迹

1. 内容方面

口头数数→按物点数→说出总数→按群计数。

2. 动作方面

触摸物体→指点物体→用眼睛代替手区分物体。

3. 语言方面

大声说出数词→小声说出数→默数。

（四）第一阶段游戏

1. 投放材料

每人 5 颗石子。

2. 幼儿第一次游戏

每个小朋友自己取 5 颗石子。一个小朋友作为游戏的主持人。当主持人说"开始"时，其他的小朋友就将手中的石子传给旁边的小朋友，传递的数量不限。当主持人说"停"，并且报出一个 1～10 之间的任意数时，手持与这个数相同数量石子的小朋友立即站起来并出示石子证明。谁站得快且对者为胜。

3. 发现问题

在游戏中，孩子们常常忽视游戏规则，对于石子的数量也数不清楚。

4. 调整

对游戏规则进行讨论，请幼儿轮换做主持人。

5. 幼儿第二次游戏

在第一次游戏后，孩子们对石头的兴趣更加浓厚了。在第二次游戏开始前，教师和小朋友们先进行了讨论。教师提出了问题："听到主持人报出的数字时，还能调整自己手里石子的数量吗？"经过讨论，小朋友们一致认为这个行为不对，要共同遵守游戏规则。教师发现，游戏中，孩子们在数自己手里的石子时，会用按物点数的方法来确定石子的数量，并能说出 10 以内的总数。在几次轮换主持人游戏的过程中，孩子们进一步熟悉了游戏规则。

(五) 第二阶段游戏

1. 投放材料

红色和黄色数量相等的石子、1～10 的数字卡片。

2. 幼儿第一次游戏

每个小朋友自取 4 颗相同颜色的石子。一个小朋友当主持人。当主持人说"开始"时，其他的小朋友就将手中的石子传给旁边的小朋友，传递的数量不限。当主持人说"停"，并且报出一个 1～10 之间的任意数时，手持与这个数相同数量石子的小朋友立即站起来，并出示石子证明。谁站得快且对者为胜。

3. 发现问题

孩子们在点数自己手中石头数量的过程中，会互相比较手中石子的数量，对相邻两个数之间存在着多一或少一的关系不清楚。

4. 调整

在日常过渡环节，教师先摆出一排 4 颗的红色石子，又摆出一排 4 颗的黄色石子。观察后，选择了红色石子的那排，添了一颗红色石子，变成了 5 颗红色石子。教师提出问题："谁有好办法让这两排石子变得一样多？"

经过讨论，小朋友们总结出了两种办法：

(1) 在 4 颗黄色石子旁再放上 1 颗，这样两排的石子就一样多了，都是 5 颗。

(2) 拿走第二排的 1 颗红色石子，这样两排石子也是一样多的，都是 4 颗石子。

教师引导想出办法的小朋友用点数后说出总数的方法验证自己的方法。最后，教师和孩子们一起梳理经验："4 颗石子比 5 颗石子少 1 颗，4 颗石子加上 1 颗是 5 颗。5 颗比 4 颗多 1 颗，5 颗拿走 1 颗是 4 颗。这两种方法都能让红色石子和黄色石子的数量变得一样多。"

5. 幼儿第二次游戏

每个小朋友自取 4 颗相同颜色的石子。一个小朋友当作主持人。当主持人说"开始"时，每个小朋友就将手中的石子传给旁边的小朋友，传递的数量不限。当主持人说"停"，并且从 1～10 数字卡片中随机选择一张卡片举起。手持与这个数相同数量石子的小朋友立即站起来，出示石子证明。谁站得快且对者为胜。

（六）活动反思

"传石头"的游戏适用于幼儿自由游戏，可以重复进行。孩子们可以在多次游戏的过程中，通过操作实物材料，不断内化计数过程，提升计数能力，增强数概念的发展。

1. 优点

（1）幼儿发展。

①幼儿在游戏中感受物体数量，理解数字的含义。

在"传石头"的游戏过程中，幼儿对游戏的兴趣是持续增加的。石头是孩子们在日常生活中常见的低结构材料。在传递石子的过程中，孩子们在欢快的游戏气氛中感受数字，理解数字与数量的关系。

在游戏进行到第二阶段时，增加了数字卡片，这就涉及了数字和物体数量的对应关系。幼儿在游戏中，既要数出石子的数量，又要认识对应的数字，也增强了中班幼儿认读数字的能力。

②幼儿点数石子数量的语言不断发展。

在游戏中，开始在统计石子数量时，孩子们往往会大声地说出："1、2、3、4。"但随着游戏次数的增加，孩子们数石子的声音会变小，有的小朋友可以不动嘴唇、不发出声音地默数石子的数量。由此不难看出，在游戏中，孩子们的语言也从大声说出数词向小声说出数词方向发展。

③在游戏中提升幼儿解决问题的能力。

在游戏中的总结环节，孩子们一起梳理并总结了游戏经验，如遇到问题可以怎样解决，为后续游戏打好基础，提升了幼儿解决问题的能力。

（2）教师发展。

①教师在游戏中观察幼儿时，需要关注幼儿数学思维的发展。

在"传石头"的游戏中，涉及计数的基本原则这一核心经验。教师可以请几个幼儿上前数一数石子的数量，说一说自己是怎么数的。教师分别对幼儿计数的不同方式进行总结。通过孩子们的表达，教师可以发现幼儿使用了不同的计数方法，还能发现幼儿在数数过程中的问题，进一步调整活动，强化幼儿对计数基本原则的理解和应用，关注孩子们数学思维的发展。

②教师的关键性提问和总结要促使幼儿关注不同的数数方法。

教师的关键性提问和总结能促使幼儿在计数活动中不断思考自己的计数方法，使幼儿的计数能力在动手、动脑的过程中得到发展。教师在幼儿游戏过程中，选择了观察幼儿行为，在总结与分享环节，和孩子们一起梳理了游戏中获得的经验。

在总结时，教师可以用讲解演示法展示按物点数的方法，引导幼儿确定自己手中石子的数量，并能说出 10 以内的总数。

教师在关键性提问中，引导幼儿用转换方法比较相邻的两个数，通过添加或者拿走一个物体，使两个数由相等变为不相等，或由不相等变为相等，促使幼儿深刻理解两个相邻的自然数之间是多 1 和少 1 的关系。

2. 不足

在"传石头"游戏梳理经验的环节，教师可以进行关键性提问和总结，有助于观察和发现幼儿存在的问题，不断调整活动中的难点问题，循序渐进地促进幼儿计数能力的提高，为数概念的良好发展打下坚实的基础。

（作者：北京市海淀区富力桃园幼儿园　刘轶馨）

活动四　传松塔（中班模式）

（一）材料介绍

鹅卵石、树枝、松塔、圆木片、实物卡片，手按铃、记分牌、奖励卡。

（二）游戏指向的数学核心经验

模式，涉及识别模式、复制模式、创造模式。

扫码看彩图 4-4-1

（三）幼儿在数学模块中的发展轨迹

识别模式→复制模式→创造模式。

（四）第一阶段游戏

1. 投放材料

鹅卵石（图 4-4-1）、树枝（图 4-4-2）、松塔（图 4-4-3）、圆木片

（图 4-4-4）、奖励卡每人 5 张（图 4-4-5）、实物模式图卡（图 4-4-6）。

图 4-4-1

图 4-4-2

图 4-4-3

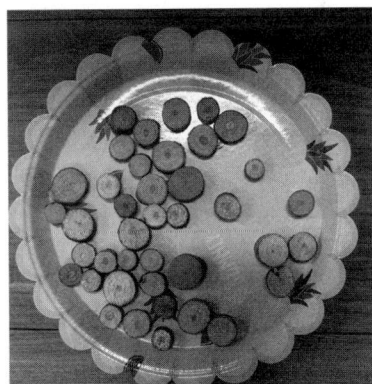

图 4-4-4

图 4-4-5

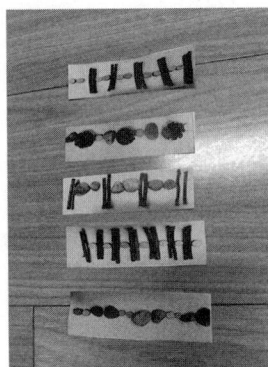

图 4-4-6

2. 幼儿第一次游戏

两个小朋友进行游戏，玩"猜拳"游戏决定游戏优先权。赢了的小朋友先自由选择自然物材料，拼摆出自己喜欢的规律。请另一个小朋友仔细观察，猜一猜他拼摆的规律是什么。另一个小朋友如果猜对了，则可以从拼摆的小朋友那里赢走一张奖励卡，把它和自己的奖励卡放在一起。如果猜错了，需要将自己奖励卡送给对方一张。如果自己的奖励卡全部被赢走，则为输。赢走对方全部奖励卡的小朋友获胜。

3. 发现问题

一些小朋友不知道自己可以拼摆出哪些规律，掌握的规律类型比较单一，很容易被对方猜中，从而赢走自己的奖励卡。

4. 调整

教师为幼儿提供一些印有不同规律的提示卡（实物模式卡）。能力稍弱的幼儿可以翻看提示卡，选择自己喜欢的规律进行拼摆。

5. 幼儿第二次游戏

幼儿再次游戏，当幼儿想不出可以怎样拼摆时，就会对照实物模式卡上的规律进行复制拼摆，借此可以增强幼儿的自信心，让幼儿体验游戏成功带来的快乐。

（五）第二阶段游戏

1. 投放材料

鹅卵石（图4-4-7）、树枝（图4-4-8）、松塔（图4-4-9）、圆木片（图4-4-10）、实物卡片（图4-4-11）、计分牌（图4-4-12）、手按铃。

图4-4-7

图4-4-8

图 4 - 4 - 9

图 4 - 4 - 10

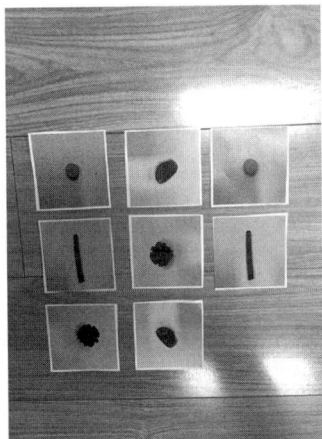

图 4 - 4 - 11

图 4 - 4 - 12

2. 幼儿第一次游戏

两个小朋友进行游戏，首先，将所有实物图卡有图案的一面扣在桌子上，依次摆放。每个小朋友翻开一张卡片。两人根据两张卡片上出现的物品分别进行模式规律拼摆。哪个小朋友先拼摆完，即获胜。

3. 发现问题

幼儿出现的问题有：不容易区分完成拼摆的先后顺序；只关注自己是否完成，不关注对方拼摆的规律是否正确。

4. 调整

可以增加手按铃的材料；请幼儿描述自己拼摆出的模式，互相为对方验证拼摆得是否正确。

5. 幼儿第二次游戏

在游戏时，一个小朋友拼摆完后，另一个小朋友也会着急地说自己也摆好了，总会出现争抢谁是第一的问题，并且每个小朋友都会说自己排列的模式是对的。游戏后，我们针对幼儿出现的问题进行了讨论：怎样才能让对方第一时间知道自己先完成的呢？孩子们说可以大声地告诉对方，考虑到区域游戏时需要保持安静。于是，我们投放了手按铃。幼儿可以在完成的第一时间，按下手按铃，提示对方。怎么判断是否正确呢？小朋友们一致认为要将自己拼摆的规律讲给对方听。于是，我们决定在新一轮的游戏中，要在一个小朋友按铃后，停止游戏。先按铃的小朋友要为对方描述自己拼摆的规律是什么，并由对方判断是否正确。如对方验证拼摆的规律是正确的，则用计分牌计一分；如对方验证拼摆的规律是错的，则不得分。游戏可以反复进行。

（六）活动反思

1. 优点

（1）幼儿发展。

①孩子们最喜欢自然物。本游戏是以孩子们感兴趣的自然物作为游戏材料。在游戏过程中，幼儿翻开卡片，按照卡片上的物品进行拼摆，从而对创造规律的游戏产生持续的兴趣。幼儿通过不断尝试创造模式、独立地复制模式，对模式也有了进一步的感知和理解。

②幼儿是游戏的主导者。在游戏中，他们愿意表达和表现。教师应鼓励他们互相验证对方拼摆的规律是否正确，能够引导幼儿识别以视觉材料为载体的模式规律。幼儿既能专注自己的游戏，也能关注到他人的游戏，积极投入到游戏中。幼儿不仅在拼摆时认真专注，在拼摆后也能仔细观察，积极参与和体验，同时也会在潜移默化中提升专注力和观察力。

（2）教师发展。

①教师通过对幼儿游戏情况的观察，及时发现了幼儿在游戏中遇到的问题，并鼓励幼儿一起想办法解决，最终，结合孩子们的游戏需要，增加了手按铃的材料，及时调整了游戏规则，为幼儿自主游戏提供了有效的支持，帮助幼儿强化了游戏的规则意识。

②在幼儿的游戏中，新颖的游戏材料使幼儿兴趣倍增，也让教师意识到可以将这些自然物材料应用到其他教学活动中，以便激发幼儿参与活动的积极性。

2. 不足

在游戏的过程中，教师只关注到了能力稍弱的幼儿，应为其提供个别化的支持。对于能力较强的幼儿，可以为他们提供纸和笔，鼓励他们将自己想出来的规律画出来，供他人学习和借鉴。

（作者：北京市海淀区富力桃园幼儿园　王　雪）

活动五　沙地寻宝（中班空间方位）

（一）材料介绍

塑料宝石，路线图（图 4-5-1）、室内外藏宝图（图 4-5-2、图 4-5-3），室外大型玩具（图 4-5-4）。

扫码看彩图 4-5-1

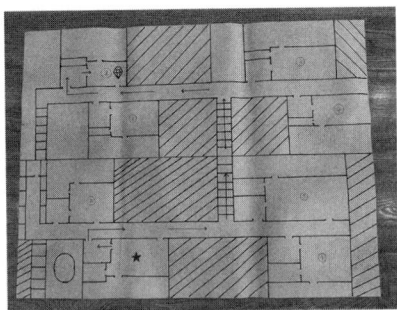

图 4-5-1

图 4-5-2

图 4-5-3

图 4-5-4

（二）游戏指向的数学核心经验

空间方位，涉及感知并判断方位、运用方位词描述位置和方向、表征方位。

（三）幼儿在数学模块中的发展轨迹

1. 内容方面

用上下、前后、里外、中间、旁边等方位词描述物体的位置和运动方向。

2. 动作方面

上下→前后→左右；以自身为中心→以客体为中心；近的区域范围→远的区域范围。

（四）第一阶段游戏

1. 投放材料

塑料宝石。

2. 幼儿第一次游戏

教师提前将宝石藏好。师幼一起说儿歌："找呀找呀，找宝石呀！找到宝石快回来！"说完儿歌，幼儿出发去寻找宝石。幼儿找到宝石后，回到教师处集合，尝试用语言描述自己找到宝石的位置，如树丛里面、海盗船上面、垃圾桶旁边……

3. 发现问题

游戏中，孩子们很快就找到了宝石，并且说出了发现宝石的位置。可是，游戏空间过于局限，游戏性不强。对于中班幼儿来说，寻宝游戏充满了挑战，能充分满足他们的好奇心。后续，教师设想可以在沙池开展寻宝游戏。现阶段，幼儿语言表达能力不强，部分幼儿倾听能力较为薄弱，还有一些幼儿对于空间方位描述得不是很准确。

4. 调整

教师将游戏场地扩大了，埋藏宝石的位置也进行了调整。教师将宝石提前埋在了大滑梯的楼梯下、柱子旁边、沙子里面，摆在了滑梯上面、攀爬架左边等。幼儿来到户外大滑梯下面的沙坑中继续探索。

户外活动中，教师发现幼儿很喜欢在沙池区里挖宝藏。他们把从沙池里挖到的彩色碎片或石头命名为"绿宝石""蓝宝石""钻石"等。回到教室后，孩子们还兴奋地和同伴谈论有关宝藏的话题，还会告诉同伴在哪个位置发现了这些宝藏……

5. 幼儿第二次游戏

第一次游戏后，孩子们对寻宝游戏的兴趣更加浓厚了。同时，游戏也存在一些问题：找宝藏需要什么？经过上次游戏后，总有幼儿能找到教师提前藏好的宝石并向同伴炫耀，而没有找到宝石的幼儿对同伴提出了这样的问题："你们是怎么找到大宝石的？我们也想找到大宝石，应该怎么做呢？"接着，我们开展了一次谈话活动"找宝藏需要什么"。孩子们表示找宝藏需要用到漏斗、铲子等工具，可以请教挖到宝石的同伴还需要哪些材料。这一过程使幼儿的交往能力得到了一定的发展。接着，幼儿分小组进行讨论，邀请同伴在纸上绘制出沙池平面图，并在沙池平面图上标注找到宝石的具体位置。

教师开展了"认识路线图""认识楼层平面图""认识标志物"等集体教育活动，并引导幼儿再次去沙池观察——沙池中间有个柱子，沙池上面有个大滑梯……回到教室后，幼儿画出了沙池的平面图，还标记了宝石的位置，并称之为"藏宝图"。

（五）第二阶段游戏

1. 投放材料

塑料宝石、楼层平面图、藏宝图、路线图。

2. 幼儿第一次游戏

（1）游戏一：听方位，找宝石。

游戏开始后，一部分幼儿负责藏宝石，成为"藏宝队"。另一部分幼儿负责找宝石，成为"寻宝队"。幼儿可以自由选择加入哪个队伍。当藏宝石的幼儿藏宝石时，找宝石的幼儿不能偷看。当宝石藏好后，藏宝石的幼儿在沙池外用语言提醒找宝石的幼儿，找宝石的幼儿根据同伴的语言提示"往左、往右、往前、往后"确定方位，最终找到"宝藏"。

（2）游戏二：看宝藏图，找宝石。

关于寻宝还有什么玩法，幼儿提出"在藏宝图上做标记，通过看藏宝图来找宝石"的玩法。为此，幼儿改进了之前的藏宝图——将藏宝图画在了一张大卡纸上，并绘制了不同颜色的爱心标记代表宝石。游戏开始后，藏宝队的队员们将宝石藏进沙池，并将对应颜色的宝石标记贴在藏宝图上，然后寻宝队的队员们根据藏宝图去寻找宝石。

3. 发现问题

在前几轮游戏中，很多幼儿都找不到宝藏。于是，教师请能找到宝藏和不能找到宝藏的幼儿分别分享经验，总结找不到宝藏的原因："藏宝的小朋友忘记自己把宝石藏在哪里了。""藏宝的小朋友没有说清楚藏宝石的位置。""寻宝的小朋友没有认真听。"即部分幼儿注意力不集中、倾听能力较弱、分不清方位。

4. 调整

针对幼儿出现的这些问题，教师在后续的集体教育活动中更加关注幼儿的倾听能力和语言表达能力。同时，根据寻宝游戏开展了一些关于"方位""认识左右"的活动，特别是对那些一次都没有找到宝藏的幼儿，教师会在一日生活中有意识地培养其倾听的能力和专注力。

5. 幼儿第二次游戏

这次寻宝游戏对于幼儿来说充满了挑战性和趣味性。整个活动中，幼儿的兴趣都很浓厚，从开始的听方位找宝石到看宝藏图找宝石，再到划分区域找宝石，幼儿的语言表达能力、绘画能力和专注力都得到了提升。

(六) 活动反思

1. 优点

（1）幼儿发展。

教师将幼儿分为三大类型，分别是主导型、思考型和跟随型。主导型幼儿有较强的识图能力，空间方位辨别能力强。针对这部分幼儿，教师作为游戏的参与者，把思考、寻找宝石和确定方向的权利交给幼儿，让其在快乐的游戏中自然而然地获得感知空间和方向的能力，体验寻宝的乐趣。思考型幼儿的识别能力稍弱，在仔细分析和同伴讨论后能够确定寻宝方向及藏宝位置。跟随型幼儿能知道箭头代表的方向并大概理解图标所代表的标志物含义，但方位感较差，不能准确地识别方位，能注意到周围环境，但难以辨别正确的方向。针对后两种类型的幼儿，教师采取了两种策略。

策略一：事前讨论，引发关注。在寻宝前，教师预留充分的时间和幼儿一起学习识图，先鼓励幼儿合作讨论手中的藏宝图，关注藏宝图中的符号，一起分析游戏地形和相关路线，思考可能遇到的问题，想出解决的办法。

策略二：发现偏差，促进反思。幼儿在定向运动的过程中会遇到很多困难。教师要学会适时等待，让幼儿自己去反思讨论问题出现的原因，鼓励他们自己想办法解决。

（2）教师发展。

①在活动中，教师应不断追随孩子们的兴趣，给予他们足够的材料、时间和空间，可以再开展一次3.0版本的寻宝游戏，让孩子们自己绘制寻宝路线图及藏宝图，把活动的自主权交给幼儿。

②活动过程中，要根据幼儿的表现灵活调整进度，同时思考：孩子们的行为是什么？驱动性问题是什么？他们需要怎样的支持？不要用成人的逻辑去干扰孩子们的思考。

③对于能力较弱的幼儿存在游离的情况，教师需要把精力更为合理地分配到他们身上，观察他们的表现，倾听他们的想法。每个孩子都可以按照自己的步调前进。教师不要定义他们前进的速度和程度，把目光更多地放在那些"藏起来"的孩子身上。

2. 不足

在这次寻宝活动中，教师过多地关注到幼儿体验的环节，没有关注到幼儿遇到问题后的分享与总结。教师可以在幼儿遇到问题后，重点分析和交流几个问题，帮助幼儿梳理游戏过程，请他们分享自己的游戏经验，以问题引导游戏思路的方式，达成方法上的认同、情感上的共鸣、思维上的借鉴与学习。这样，孩子们才会更有兴趣地参与活动，活动才更有意义。

宝藏是什么？是解锁神秘和好奇的过程，是收获惊喜和快乐的过程，更是收获学习的过程。孩子们在寻宝活动中学会应对未知、辨别方位、发展空间知觉和方向感，在轻松、快乐的游戏氛围中，孩子们的理解力、分析力、判断力、概括力、抽象力、推理力得到相应的发展。

（作者：北京市海淀区富力桃园幼儿园　王晓雨）

活动六　百变树枝（大班几何图形）

（一）材料介绍

幼儿、教师和家长在户外共同收集长短不一的树枝若干（如有较多枝权的，需要打磨处理）。

扫码看彩图 4-6-1

（二）游戏指向的数学核心经验

图形认知和分类：不同图形可以合成一个新的图形或分割成其他几个图形。

（三）幼儿在数学模块中的发展轨迹

1. 从拓扑图形到欧氏图形。

2. 从局部、粗糙的感知到较为精确的辨认。

3. 抽象能力随年龄增长而发展。

（四）第一阶段游戏

1. 投放材料

树枝、记录表。

2. 幼儿第一次游戏

孩子们在收集树枝后，根据自己的想法进行拼摆，并借助已有经验，很快就摆出了正方形、三角形等图形。接着，有的小朋友开始进行图形组合，在正方形上面拼出了一个三角形，形成了"房子"的造型。这立刻吸引了更多小朋友的参与。大家纷纷效仿。于是，越来越多的图形组合出现了。

3. 发现问题

幼儿拼摆的图形中开始出现很多绘画中的内容，导致很多图形"不伦不类"。例如，幼儿希望通过树枝拼摆出太阳，但是树枝的特性导致无法精准地拼出圆形，最终呈现的效果类似于六边形或无法定义的多边形。

4. 调整

教师提供了记录表，表格中设有提问（表 4 - 6 - 1）。

表 4 - 6 - 1　拼摆造型记录表

问题	将你拼摆的造型画下来	你用了几根树枝
2 个□		
3 个□		
2 个△		
3 个△		
2 个◇		
3 个◇		

5. 幼儿第二次游戏

教师投放了记录单之后，幼儿的游戏有了目标和挑战性。一开始，幼儿会简单地用 8 根树枝拼出两个分离的正方形。这时，教师引导幼儿"试试看，能否用更少的树枝完成两个正方形的拼摆"。幼儿带着这样的问题，努力思考并利用一根长树枝在一个正方形上尝试延伸线条，当作并排放的两个正方形最上面的一条边。完成之后，幼儿会仔细地点数所用树枝的数量。在后期的游戏中，教师引导幼儿在记录表中，用带有颜色的笔将两个相邻图形的线条画出来，鼓励幼儿说一说这条线有什么不同。一些语言表达能力较强的幼儿会说："这根树枝属于这个正方形，也属于那个正方形。"

（五）第二阶段游戏

1. 发现问题

幼儿在投放了新材料的游戏中，能够从一个图形延展、扩充出更多的图形，并对公共边的概念有了初步的认知。但是，对"用不同的图形组合成一个新图形"这个核心经验理解得不够充分。

2. 调整

投放任务卡——图形变魔术，例如："2 个▲→?"。

3. 幼儿游戏

在这次游戏中，幼儿出现了更多的认知冲突。例如，两个三角形，如果是等腰三角形组合在一起，会得到一个更大的三角形。但是，如果是直角三角形，组合出来的则是一个长方形。这样不同的图形组合给游戏带来了更多的不确定性，幼儿想要知道更多，想要发掘更多。于是，在多次游戏后，他们会自己设计任务卡，发现了更多有趣的图形组合。

（六）第三阶段游戏

1. 发现问题

教师结合幼儿对几何图形的认知发展轨迹，以及幼儿在该阶段应具备的逆向推理能力，使幼儿对图形分解的掌握显得更加灵活。

2. 调整

投放闯关游戏卡片，例如：

（1）▲▲挪动 2 根树枝→▲。

（2）□□□□挪动 3 根树枝→□□□。

3. 幼儿游戏

在完成该游戏时，幼儿需要根据卡片中所绘制的图形造型，用树枝还原呈现，之后按照要求，完成闯关游戏。在挪动树枝的时候，幼儿最初会出现等待的现象，因为不知道从何处下手。这时，教师鼓励幼儿大胆尝试，将一根树枝旋转，看看会发生什么变化。之后，幼儿会比较容易发现挪动第一个三角形右边的树枝和第二个三角形左边的树枝，把它们平放，就得到了一个梯形。之后，继续旋转树枝，将它们以斜角摆放，终端相交在一起，于是，一个更大的、完整的三角形就出现了。

（七）其他玩法

树枝这样的低结构材料往往能够激发幼儿更多的创造力和想象力。在材料投放几周之后，孩子们还会陆续把自己收集的树枝带到班里。教师看到孩子们对收集材料的积极性非常强烈，于是，在班级开展了"游戏大玩家"的挑战活动，鼓励幼儿自己设计游戏并记录下来，和好朋友玩一玩。在每天的分享环节，组织全班幼儿集中分享与交流。孩子是游戏的创造者。孩子们在熟悉材料的基础上，每个孩子都有惊人的爆发力，他们也创造了许多新玩法。

1. 合作类游戏满足了幼儿与同伴合作的需要。

"合作拼搭"游戏。幼儿每人持若干树枝，类似"接龙绘画"一样在地面或桌面上完成一个大型图案的合作拼搭游戏。最后，大家一起说一说，作品中出现了哪些图形。

"照镜子"游戏。一名幼儿先利用树枝摆出基本图形，另一名幼儿在该图形的基础上摆出镜像造型（图 4-6-1）。同时，幼儿会找来小镜子，在面对较为复杂的图形时，可以借助镜子来确定每一根树枝的镜像位置，借此完成拼摆任务。

2. 对抗性游戏满足了幼儿爱挑战的愿望。

"比长短"游戏。两个幼儿每人持若干根树枝，每人依次拿出一根树枝，要求后面拿出来的树枝要比前者长一些或者短一些，直到没有更长或更短的树枝（图4-6-2）。

图4-6-1

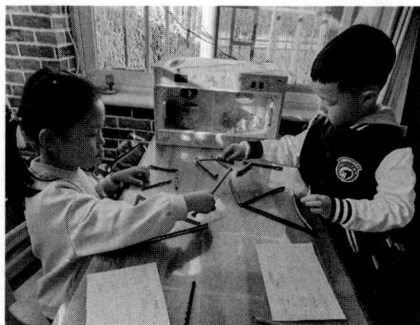

图4-6-2

（八）活动反思

幼儿园的数学教育与幼儿的生活密切联系。因此，幼儿园倡导"在生活中学习数学，学习生活中的数学"。这就要求教师做个有心人，具备善于捕捉幼儿一日生活中与数学教育有关问题的能力，也要善于发掘和运用生活中的自然物，抓住更多的教育契机。

本游戏案例中，教师充分利用孩子们再熟悉不过的自然物——树枝进行游戏。在最初阶段，幼儿自由拼摆的过程中，教师带着智慧进行观察，发现了材料带给幼儿的兴趣点和困难点。在接下来的几个阶段中，教师不断尝试添加辅材，设置问题，提高游戏的挑战难度。材料带给幼儿的不仅仅是一次随意的拼摆，教师在这个过程中要发挥自己的智慧，给材料赋予各种变化和挑战，始终牵动着幼儿的游戏兴趣和挑战欲。

1. 优点

（1）幼儿发展。

①材料方面：树枝作为低结构材料，能大大提升幼儿对"一物多玩"的创造力和想象力。同时，材料作为自然物，更加方便、易得。教师可以将以树枝作为材料的育儿游戏推荐给家长，更好地促进家园共育。

②尊重差异性：用树枝创设不同的游戏，能够支撑不同年龄、不同需求的幼儿在数学领域方面获得更多的发展。

（2）教师发展。

我们通过观察幼儿的树枝游戏过程，发现幼儿对图形认知的掌握及形象思维建立的过程等，都可以非常清晰地被教师了解和记录。因此，教师在了解班级幼儿在数学核心概念的水平基础上，研究和设计更有利于班级幼儿的数学活动，给予班级幼儿在数学能力提升方面更有效的支持。

2. 不足

在树枝拼摆的过程中，缺少一定的故事情境性，同时，幼儿思考的过程性记录不明显。

（作者：北京市海淀区富力桃园幼儿园 李 霖）

活动七 果实多有趣（大班比较与测量）

（一）材料介绍

各种果实（如苹果、橘子、柿子、橙子等），天平，杯子、绳子、直尺等物品。

（二）游戏指向的数学核心经验

比较与测量，涉及直接比较和间接比较、测量、估算。

扫码看彩图 4 - 7 - 1

（三）幼儿在数学模块中的发展轨迹

量的比较→自然测量→标准测量。

（四）第一阶段游戏

1. 投放材料

各种果实（如苹果、橘子、柿子、橙子等），记录表、绳子、尺子等物品，不同大小的杯子，笔。

2. 幼儿第一次游戏

幼儿在班级区域自由观察、摆弄各种果实。教师为幼儿提供记录表，鼓励幼儿比较两个果实的大小并记录，为幼儿提供绳子、尺子、杯子等，鼓励幼儿往杯子里装果实、给果实排排队、比一比果实的大小等。

3. 发现问题

大小差不多且圆圆的东西怎么比呢？孩子们有一些分歧，有的小朋友用绳子围住果实来测量，但是绳子头尾衔接得不好，有的小朋友拿来直尺进行测量，但是果实是立体的，直尺不能弯曲。教师投放了大小不同的杯子，和幼儿一起玩"果实穿过杯口"的游戏，引导幼儿观察，果实正好落到杯子里的，肯定小一些；果实卡在杯子口、落不下去的，果实就大一些，再通过"套杯子"的游戏把杯子套起来比较，大杯子能套住小杯子，进而更加清楚地知道哪个果实大、哪个果实小。幼儿在反复的比较与操作中发现，有的果实差不多大小，都卡在杯口了，不能准确地比较出果实的大小（图 4 - 7 - 1）。

4. 调整

教师引导幼儿寻找身边大大小小、更多有孔、有洞的物品，增加更多可供比较的材料，为后续的测量活动做好物质准备。

5. 幼儿第二次游戏

幼儿收集了身边许多有孔洞的物品，如大大小小的胶带卷、废旧纸杯、大大小小的瓶子、PVC 管、塑料圈等，幼儿反复玩"果实穿越孔洞"的游戏，在游戏中感知、比较，并通过把不同的杯子套在一起的方法，在直接比较与间接比较中感知果实的大小。

（五）第二阶段游戏

1. 投放材料

各种果实（如苹果、橘子、柿子、橙子等）、天平、砝码、记录表、白纸、笔。

2. 幼儿第一次游戏

多人游戏，教师提供天平、砝码等，供幼儿进行比较，称一称不同的果实，看看究竟哪个果实重，并鼓励幼儿用符号或绘画的方式进行记录。

3. 发现问题

刚开始游戏的时候，幼儿会在天平的一边放果实，另一边放砝码，并且数砝码的个数，借此判断果实的重量。渐渐的，幼儿喜欢两边都放果实来称重，直接进行果实之间的比较。孩子们的游戏虽然可操作、可记录，但是也让对比称重变得简单。如何在保持幼儿游戏兴趣的同时进一步探究比较果实重量的方法呢？这是值得教师思考的问题。

4. 调整

教师提出挑战性问题："称果实时，如何让天平保持平衡，两边一样重?"同时，教师投放猜想记录表和空白记录纸，供不同层次的幼儿选择使用。

5. 幼儿第二次游戏

教师提出的问题"怎样让两边变得一样重"，这个问题能引发幼儿反复地比较和操作，在满足幼儿继续给果实称重需求的同时，对幼儿来说，组合与换算也是一个挑战。牛牛把苹果放在左边，找了一个和它差不多大小的橘子，对比称重，但是天平一高一低。牛牛又换了一个差不多大小的苹果，还是一高一低。东东在左边的托盘里放了一个核桃，天平晃了一晃，还是一高一低。两人轮流在两边放核桃，终于，天平的两边一样高了（图 4-7-2）。东东在记录纸上进行了记录，他在左边的格里画了一个小苹果、5 个核桃，在右边的格里画了一个稍大的苹果和 4 个核桃。两人开始换成其他的果实对比称重。

图 4-7-1

图 4-7-2

（六）活动反思

1. 优点

（1）幼儿发展。

①生活中的物品能进一步激发幼儿数学学习的兴趣。数学来源于生活，又服务于生活，它体现在生活的方方面面。教师应有效利用生活中的物品，引导幼儿开展数学游戏，帮助幼儿发现生活中数学的有用和有趣。"遇到圆圆的东西该怎么测量"，这个问题本身是很抽象的，但是在"果实穿过杯口"的游戏中，抽象的数学变得更加直观，能更好地帮助幼儿拓展数学思维，打破以往平面测量的惯有思维。

②好奇心推动幼儿生成新游戏、获得新经验。幼儿喜欢模仿，喜欢重复的活动，如，在"果实称重"的游戏中，他们很好奇，喜欢反复称重果实，并不关注最终比较重量的结果。在比较与测量中，幼儿的估算、数运算等经验也在不知不觉地提升。教师要善于发现和保护幼儿的好奇心，充分利用自然和实际生活的机会，引导孩子们学习发现问题、分析问题和解决问题，帮助他们不断积累经验，并运用在新的学习活动中，形成受益终生的学习态度和能力。

（2）教师发展。

①教师需关注幼儿真实经历数学学习的整个过程。在对果实的观察与比较中，有规则的自由、有工具的探究、有幼幼间的互动，都承载着不同的意义和目的。教师只有关注幼儿整个数学学习过程，才能更好地促进幼儿的自主建构和发展。

②教师要善用提问设疑，激发幼儿主动思考、主动学习。在"果实称重"的游戏操作中，教师提出"怎样让两边一样重"的问题。问题非常简洁，但又是幼儿"够一够"、就能"够"得着的问题，能进一步激发幼儿主动探究的欲望。

2. 不足

幼儿尝试用身边的物品进行测量，边操作边发现问题、解决问题，尝试各种不同的记录方法，感受到数学的有用和有趣。在后续的活动中，教师还可以继续引导幼儿了解同一事物可以从不同的维度进行测量。

（作者：北京市海淀区富力桃园幼儿园　何　丹）

活动八　花儿朵朵（大班数运算）

（一）材料介绍

自然角投放的花、花朵简笔画的记录纸、水彩笔、不同图案的小贴纸。

扫码看彩图 4-8-1

（二）游戏指向的数学核心经验

数运算，涉及点数、分解与组合、加减运算。

（三）幼儿在数学模块中的发展轨迹

理解集合中数量的变化→5 以内分解与组合→10 以内分解与组合→加减运算。

（四）第一阶段游戏

1. 投放材料

自然角投放的花。

2. 幼儿第一次游戏

两个幼儿一起游戏。每人选择一朵喜欢的花朵，然后数一数这朵花有几片花瓣，再说一说谁的花瓣数量多，多几片花瓣；谁的花瓣数量少，少几片花瓣。

3. 发现问题

幼儿容易出现重复数、漏数及数完后无法说出总数的情况。

4. 调整

投放小贴纸、画有花朵简笔画的记录纸和水彩笔。

5. 幼儿第二次游戏

两个幼儿一起游戏。每人选择一朵喜欢的花朵，然后在花朵的其中一片花瓣上贴上贴纸作为标记，开始数花瓣的数量（图 4-8-1）。数完后，两人分别在记录表的花朵上给相应数量的花瓣涂上颜色，并在记录表上用算式来表示花瓣多的花比花瓣少的花多几片花瓣（图 4-8-2）。

图 4 - 8 - 1

图 4 - 8 - 2

（五）第二阶段游戏

1. 投放材料

自然角的花、不同图案的小贴纸。

2. 幼儿第一次游戏

幼儿分别数一数花盆里的花有几朵花是开放的，有几朵花是花骨朵，然后用算式来表示开放的花朵和花骨朵的总和，统计出花盆里一共有多少朵花。

3. 发现问题

由于每朵花不是固定排列的，因此，幼儿在点数过程中会出现漏数、重复数的现象，导致算式的最终结果不正确。

4. 调整

提供不同图案的小贴纸。

5. 幼儿第二次游戏

两个幼儿各持不同图案的小贴纸，将贴纸分别贴在花朵和花骨朵的茎上（图 4 - 8 - 3）。在贴的过程中，幼儿可以边贴边数数，数到最后一个数，就是花朵或花骨朵的总数。也可以通过数撕掉小贴画的数量知道花朵或花骨朵的数量（图 4 - 8 - 4）。最后，幼儿可以对两个集合进行数量多少的比较，也可以通过算式计算出花盆里一共有多少朵花。

（六）活动反思

《指南》中指出："幼儿的学习是以直接经验为基础，在游戏和日常生活中进行的。"孩子们除了在教师组织开展的集体教学活动中学习数学知识外，在一日生活的各个环节和游戏中也可以获得数学经验的提升。生活中常见的各种物品都可以成为孩子们学习与摆弄的材料。自然角是班级环境的一个重要组成部分，每天都会有小朋友主动地到自然角去观察动、植物的生长与变化。教师通过仔细地观察与思考，为幼儿提供了相应的辅助材料，引导幼儿在观察自然角里花花草草的同时，运用所掌握的数学知识开展数学游戏活动，不断地积累和提升幼儿的数学经验。

 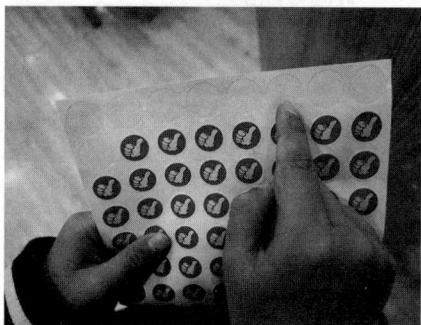

图 4 - 8 - 3　　　　　　　　　　　　　图 4 - 8 - 4

大班幼儿随着计数能力的发展，逐渐掌握了加减运算。他们借助实物或情境，可以很好地理解 10 以内集合的数量变化，部分幼儿能够用算式来表示生活中遇到的数量变化和加减问题。本次活动中，教师就是利用生活中常见的自然物"花"来引导幼儿进行数运算的学习。

1. 优点

（1）幼儿发展。

①花是幼儿生活中常见的自然物。幼儿在观察与欣赏的过程中，喜欢和同伴一起数花瓣、比较花瓣和花朵数量的多少。孩子们没有任务意识，感觉就是在游戏，所以感到很轻松、很有趣，主动参与活动的积极性更高。

②在幼儿数花瓣、和同伴比较数量的过程中，幼儿会运用很多数学经验，如目测数、点数、按群数、比较数量多少、用数字符号表示数量、分解与组合、运用算式等。在运用这些数学经验帮助自己解决生活中遇到的实际问题时，幼儿能够深切地感受到学习数学的重要性，对数学活动更加感兴趣。

③在游戏过程中，幼儿进行数运算的能力得到了很好的锻炼和提高，同时，其他的数学经验也得到了相应的提升。

（2）教师发展。

①教师在引导幼儿利用生活中常见的"花"开展数学活动的过程中，深刻地认识到生活中的数学无处不在，只要善于观察和思考，生活中的任何物品都可以被利用，作为孩子们学习数学的材料。

②在幼儿游戏的过程中，教师要跟进观察，提供适宜的辅助材料，发现游

戏中存在的问题，不断地调整游戏材料和玩法。

2. 不足

在幼儿游戏过程中，教师除了增加相应的辅助材料外，也可以创设相应的游戏情境，如小蜜蜂采花蜜等，这样更能激发孩子们参与活动的兴趣。同时，教师还应在活动中鼓励幼儿用数学语言说出自己的运算过程，同伴之间可以相互学习，也可以帮助教师更好地了解幼儿的思维发展过程。

（作者：北京市海淀区富力桃园幼儿园　杨海霞）

第五章　亲子类数学游戏

活动一　神秘小口袋（小班模式）

（一）玩法一

1. 投放材料

模式卡、各种图形卡片（图5-1-1、图5-1-2），摸袋。

扫码看彩图5-1-1

图5-1-1

图5-1-2

2. 游戏指向的数学核心经验

（1）模式与规律，涉及模式的识别、模式的复制。

（2）图形，涉及图形的特征。

3. 幼儿在数学模块中的发展轨迹

（1）模式的识别→模式的复制→模式的扩展→模式的创造→模式的转换。

（2）图形的特征→图形的分解与组合→图形的变换。

4. 游戏玩法

家长提前把图形卡放在摸袋中，请幼儿抽取一张模式卡（图5-1-3），并按照模式卡上的模式规律拼摆图形。幼儿要从摸袋里摸出需要的图形（图5-1-4）。摸的时候，要描述一下摸到图形的特征，猜测一下是什么图形，例如，"我需要一个三角形。我摸到的这个图形有三个角、三条边。我猜是三角形。"然后，把图形拿出来看看，猜得是否正确。如果正确，就按照模式卡摆放。如果错误，就重新摸。家长需要引导幼儿看一看、说一说模式卡有什么规律，自己摆的图形有什么规律。如果这个规律摆对了，这张模式卡就归幼儿所有，代表幼儿挑战成功。游戏结束后，请幼儿数一数自己挑战成功了几张模式卡。

图 5-1-3

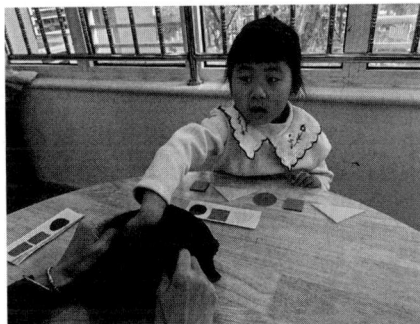

图 5-1-4

5. 教师建议

（1）在幼儿摸图形卡时，家长可以引导幼儿根据图形的不同特征摸取图形卡，有目的地选择图形卡。

（2）模式卡可以有不同的层次类型，如 AB、AABB、ABC 等，可以指导幼儿从简单模式 AB 开始玩起，待幼儿掌握游戏玩法后，再陆续投放 AABB、ABC 层次类型的图卡。

（3）幼儿熟练掌握游戏玩法后，可以投入需要填充、扩展的模式卡，适当增加游戏难度，还可以投放空白模式卡，请幼儿自己创编新的规律。

（二）玩法二

1. 投放材料

各种图形卡。

2. 游戏指向的数学核心经验

图形，涉及图形的特征、图形的分解与组合。

3. 幼儿在数学模块中的发展轨迹

图形的特征→图形的分解与组合→图形的变换。

4. 游戏玩法

家长提前把图形卡放在摸袋中，和幼儿玩"猜拳"游戏（图 5-1-5）。谁赢了，就先从摸袋里摸图形。摸的时候，需要描述一下自己摸到的图形特征，猜测一下是什么图形（图5-1-6），例如，"我摸到的这个图形有三个角、三条边。我猜是三角形"，然后把图形拿出来，看看猜得是否正确。猜对了，这个图形就归自己。家长和幼儿要用每次赢得的图形拼摆出简单的图形。游戏结束后，家长和幼儿比一比，谁的图形多，谁获胜。

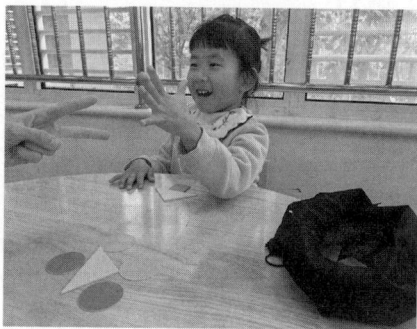
图5-1-5

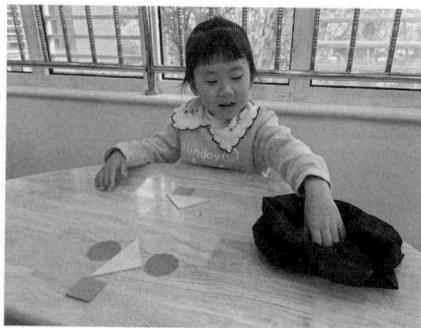
图5-1-6

5. 教师建议

（1）家长要引导幼儿清楚地描述图形的特征并大胆地猜测。

（2）在拼摆图形的过程中，家长要引导幼儿说一说自己拼的是什么，及时鼓励幼儿。

（作者：北京市海淀区富力桃园幼儿园　邢可心）

活动二　营救小动物（小班空间方位）

（一）玩法一

1. 投放材料

3～5个小动物玩具、椅子、桌子、被子、床等。

2. 游戏指向的数学核心经验

位置与方向，涉及区分上下、前后、里外的方位及方位语言。

扫码看彩图5-2-1

3. 幼儿在数学模块中的发展轨迹

区分上下、前后、里外的方位→区分远近、中间、旁边的方位→以自身为中心区分左右的方位→方位语言。

4. 游戏玩法

家长和幼儿共同选择3～5个小动物玩具。幼儿蒙眼并数数，从1数到

10。家长将动物玩具藏在家里能体现空间方位的地方（图5-2-1），如杯子后面、床上面、帐篷里面……藏好后，请幼儿找一找动物玩具藏在了哪里。找到后，请幼儿说一说自己在哪里营救了小动物（图5-2-2），如"我在桌子下面救了小熊"。

图5-2-1

图5-2-2

5．教师建议

家长可以利用关键提问激发幼儿思考，例如，"你在什么地方找到这个小动物的?"如果幼儿表达不出在哪里找到的玩具，家长可以具体追问一下："是在沙发下面吗?"

（二）玩法二

1．投放材料

家中现有家具等，小熊头饰。

2．游戏指向的数学核心经验

位置与方向，涉及区分上下、前后、里外的方位及方位语言。

3．幼儿在数学模块中的发展轨迹

区分上下、前后、里外的方位→区分远近、中间、旁边的方位→以自身为中心区分左右的方位→方位语言。

4．游戏玩法

家长和孩子在家里选定一个游戏范围，猜拳赢的一方当猎人，另一个人当小熊。猎人要先蒙上眼睛，背对着小熊数数，从1数到10（图5-2-3）。扮作小熊的人要戴上小熊头饰，在规定的时间内找到一个地方躲藏。数到"10"后，猎人开始找小熊。被找到的小熊成为下一轮游戏中的猎人。如果小熊没有被找到，下一轮游戏可以继续躲藏。小熊被找到时，要说一说自己躲在了哪里，如"我躲在了桌子下面""我藏在了窗帘后面"等（图5-2-4）。

图 5-2-3   图 5-2-4

5.教师建议

（1）家长应充分利用生活中的情境，帮助幼儿感知并认识方位。

（2）家长在家里创设有趣的游戏情境，引导幼儿将自己躲藏的位置借助方位词语说出来。

（作者：北京市海淀区富力桃园幼儿园　焦　雨）

活动三　抓羊游戏（中班数概念）

（一）玩法一

1.投放材料

扑克牌数字 5～8，笑脸和哭脸贴纸。

2.游戏指向的数学核心经验

数数，涉及唱数、点数、目测数、按群数数。

扫码看彩图 5-3-1

3.幼儿在数学模块中的发展轨迹

唱数→点数→目测数→按群数数。

4.游戏玩法

一家人围坐一圈，一起拍手说："抓小羊，抓几只？"（图 5-3-1）说完，家长随机摸取一张扑克牌，看清数字后，将牌扣下（图 5-3-2），摸到数字几的扑克牌，就学小羊"咩咩咩"叫几声。幼儿认真倾听小羊叫声的次数，猜一猜抓到了几只小羊，说出小羊的数量。幼儿说对了数量，可以在身上贴一张笑脸图案的小贴纸；说错了数量，可以贴上一张哭脸图案的小贴纸。游戏可以反复进行。游戏过程中，还可以交换角色，由幼儿摸取扑克牌，按照扑克牌上的数字模仿小羊叫。

图 5-3-1

图 5-3-2

5. 教师建议

（1）家长要向幼儿讲解游戏规则：摸到数字几的扑克牌，就要学小羊叫几声。游戏过程中，不能偷看扑克牌，并且不能将自己抽取的扑克牌给猜的人看。

（2）在游戏中，家长还可以使用一些响声玩具配合节奏游戏。

（3）几次游戏后，家长可以通过提问引发幼儿思考，用什么办法可以数清楚小羊叫了几声，帮助幼儿积累听声计数的游戏经验和数数的方法。

（二）玩法二

1. 投放材料

两套带有数字 1～10 的方框卡片（图 5-3-3）、两套分别画有 1～10 只小羊的小羊卡片（图 5-3-4）。

图 5-3-3

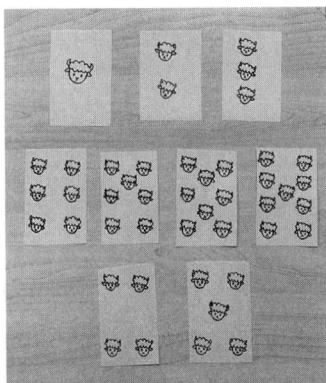

图 5-3-4

2. 游戏指向的数学核心经验

数数，涉及唱数、点数、目测数。

3. 幼儿在数学模块中的发展轨迹

唱数→点数→目测数→按群数数。

4. 游戏玩法

两人游戏，一名家长和幼儿一起玩。每人拥有一套数字方框卡片和一套小羊卡片。游戏开始前，两人同时将 10 张数字方框卡片打乱顺序，扣在桌面上（图 5 - 3 - 5）。游戏开始时，每人从自己的 10 张数字方框卡片中任意抽取两张，然后快速地找到和卡片上数字相应数量的小羊卡片，将小羊卡片放到数字方框卡片中间，代表将相应数量的小羊送回了家（图 5 - 3 - 6）。先完成的一方可以快速击一次掌，代表自己完成游戏任务了。送对家且速度快者获胜。游戏可以反复进行。

图 5 - 3 - 5

图 5 - 3 - 6

5. 教师建议

（1）制作数字 1～5 的小羊卡片时，可以将小羊图案不规则地排列，增加点数的难度。

（2）随着游戏的反复进行，可以逐渐加大游戏难度，从每人一次抽取 2 张数字方框卡片到抽取 3～4 张。

（作者：北京市海淀区富力桃园幼儿园　王海啸）

活动四　水果乐园（中班集合与分类）

（一）玩法一

1. 投放材料

大小、颜色不同的水果图片（或实物水果）、纸盘、篮子、音乐。

扫码看彩图 5 - 4 - 1

2. 游戏指向的数学核心经验

集合与分类，涉及某一物体外部属性特征分类。

3. 幼儿在数学模块中的发展轨迹

某一物体外部属性特征匹配→某一物体外部属性特征分类→两种及两种以上物体属性特征分类。

4. 游戏玩法

家长在家里布置一个模拟"水果园"的空间，将水果图片摆放在家里的各个位置。请幼儿听音乐，拿着篮子，收集水果图片（图5-4-1）。音乐结束后，幼儿给收集的水果图片分类，把不同种类的水果分别放在不同的盘子里（图5-4-2），再说一说自己是怎么分的，如"我是按照苹果、梨、香蕉分的""我是按照黄色、红色、绿色分的""我是按照长在树上的、长在地上的分的"等。

图5-4-1

图5-4-2

5. 教师建议

家长要引导幼儿想出多种分类方法，在幼儿掌握一种物体不同角度分类后，可以引导幼儿按照两种物体属性特征进行分类，如，"这一组都是黄色的，并且都是长在树上的；这一组都是绿色的，并且都是长在地上的。"

（二）玩法二

1. 投放材料

大小、颜色不同的水果图片，水果模式卡，玩具筐。

2. 游戏指向的数学核心经验

模式与规律，涉及模式的识别、模式的复制。

3. 幼儿在数学模块中的发展轨迹

模式的识别→模式的复制→模式的扩展→模式的创造→模式的转换。

4. 游戏玩法

家长引导幼儿："今天，水果店准备开业了。水果店里有各种各样的水果，有苹果、梨、橘子等很多的水果。请你帮忙把水果宝宝摆放整齐。"请幼儿随机抽取一张水果模式卡，看看这组水果是怎么排列的（图5-4-3），如"这组水果是一个苹果、一个梨、一个西瓜，一个苹果、一个梨、一个西瓜重复排列的。"请幼儿按照水果模式卡摆放水果图片（图5-4-4）。

 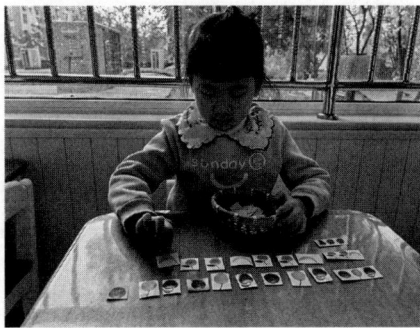

图5-4-3 图5-4-4

5. 教师建议

（1）建议家长在游戏前，给幼儿讲清楚游戏规则，可以通过故事或游戏的方式让幼儿更容易理解模式规律的概念，进而复制模式。可以请幼儿按照货架上水果的提示有规律地给水果图片排好队。请幼儿想一想，应该怎么排呢？哪两个水果是好朋友？好朋友要挨在一起。第一个是什么水果宝宝？接下来，又是什么水果宝宝呢？

（2）在幼儿能够熟练掌握游戏玩法后，可以投入需要填充、扩展的模式卡，增加游戏难度，还可以投放空白模式卡，请幼儿自己创造新的规律。

（作者：北京市海淀区富力桃园幼儿园 洪亚君）

活动五 踩影子游戏（大班空间方位）

（一）玩法一

1. 投放材料

手电筒。

扫码看彩图5-5-1

2. 游戏指向的数学核心经验

位置与方向，涉及区分上下、前后、里外的方位，以自身为中心区分左右的方位，方位语言。

3. 幼儿在数学模块中的发展轨迹

区分上下、前后、里外的方位→区分远近、中间、旁边的方位→以自身为中心区分左右的方位→方位语言。

4. 游戏玩法

幼儿和家长面对面站好。家长拿着手电筒，打开开关，指挥幼儿按照手电筒照射的光线指示方向跳跃前进，用脚踩投射在地面上的光影（图 5-5-1），边跳边说出跳向什么方位（图 5-5-2）。如，家长拿手电筒照向幼儿的左边，幼儿就向左跳，边跳边说："向左踩！"以此类推，幼儿在和家长的互动中感受前后和左右等方位，借此提升幼儿听指令快速做出反应的能力。

图 5-5-1　　　　　　　　　　　　图 5-5-2

5. 教师建议

（1）家长要向幼儿讲解游戏规则：往哪个方向跳，就要大声地说出哪个方位的名称。

（2）游戏过程中，家长移动手电筒光线的速度要快。

（3）游戏过程中，家长要引导幼儿快速做出反应，踩在光影上。

（4）开始时，家长说的方位是幼儿的左右，之后可以说自己的左右。

（二）玩法二

1. 投放材料

手电筒。

2. 游戏指向的数学核心经验

位置与方向，涉及区分上下、前后、里外的方位，以自身为中心区分左右的方位，方位语言。

3. 幼儿在数学模块中的发展轨迹

区分上下、前后、里外的方位→区分远近、中间、旁边的方位→以自身为中心区分左右的方位→方位语言。

4. 游戏玩法

幼儿和家长面对面站好。家长拿着手电筒，打出光线，指挥幼儿向手电筒照射光线相反的方向跳跃（图5-5-3），边跳边说出跳向什么方位，如，家长拿着手电筒照向幼儿的左边，边照边说："向左照！"幼儿就向相反的方向——右边跳，边跳说："向右踩！"（图5-5-4）以此类推，幼儿在和家长的互动中增强对空间方位的深度认知，提高快速反应能力。

图5-5-3

图5-5-4

5. 教师建议

（1）家长要求幼儿遵守游戏规则：往哪个方向跳，就要大声地说出哪个方位的名称。

（2）游戏前，家长提醒幼儿做出与家长说的方向相反的动作，可以在幼儿熟悉游戏规则后，逐渐加快游戏速度。

（作者：北京市海淀区富力桃园幼儿园　范丽娟）

活动六　百变扑克牌（大班数概念与运算）

（一）玩法一

1. 投放材料

扑克牌1副或2副。

2. 游戏指向的数学核心经验

数字的用途，涉及基数。

扫码看彩图5-6-1

3. 幼儿在数学模块中的发展轨迹

基数→序数→命名数→参照数。

4. 游戏玩法

家长和幼儿一起从一副扑克牌中找出5～10对牌（图5-6-1），打乱顺序，扣着放下扑克牌。家长和幼儿轮流翻牌。每人每次只能翻两张牌，翻到不同数字的牌，就翻回背面。谁翻到相同数字的牌，就可以拿走那对牌。谁拿走的牌多，谁就获得胜利（图5-6-2）。

图5-6-1　　　　　　　　　　　　　　　图5-6-2

5. 教师建议

（1）游戏循序渐进地进行，成对的扑克牌数量由少逐步增多，让幼儿始终保持玩的兴趣。

（2）家长可以和幼儿一起商量并制订游戏规则，翻到两张什么样子的牌可以拿走，例如，翻到两张同样花色的牌可以拿走，也可以根据幼儿的创意设定材料和玩法。

（二）玩法二

1. 投放材料

去掉小王的扑克牌1副。

2. 游戏指向的数学核心经验

数字的用途，涉及基数、序数。

3. 幼儿在数学模块中的发展轨迹

基数→序数→命名数→参照数。

4. 游戏玩法

2～4人游戏。21张扑克牌，其中一张大王，剩下的20张两两成对。游戏开始，家长和幼儿轮流抓牌。在抓牌的过程中，找出自己手中的对子，并将对子放到桌面上，摆成一排。谁找到的对子多，谁就可以先到下一个人那里要一张扑克牌，要说清楚是从左往右数还是从右往左数的第几张（图5-6-3）。如果要到的牌和自己的牌能凑成一对，就把对子拿出去。最后，看看谁的手里有大王，谁就失败了（图5-6-4）。

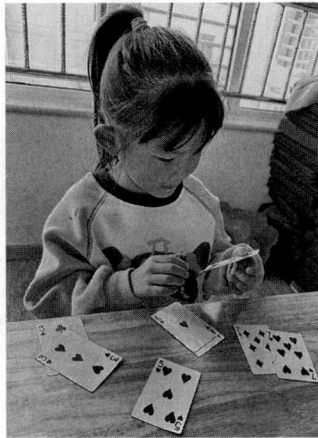

图5-6-3   图5-6-4

5. 教师建议

（1）刚开始的时候，家长要关注幼儿手中的牌是否有对子，先告诉幼儿两张相同的牌就可以凑成一对，也就是对子，且找到的对子，要拿出来，摆成一排，以便进行比较，知道谁多谁少，为后面的要牌做准备。

（2）向下家要牌的时候，一定要表述清楚要的是第几张牌，巩固对序数的认知，可以鼓励幼儿说出从哪个方向开始，如"从左向右数，第2张"或"从右向左数，第2张"。

（三）玩法三

1. 投放材料

扑克牌1副。

2. 游戏指向的数学核心经验

数概念，涉及数序。

3. 幼儿在数学模块中的发展轨迹

基数→序数→命名数→参照数。

4. 游戏玩法

2~4人一起游戏。每人轮流从一堆扑克牌中拿出3张牌，组成顺子。看谁组成的顺子最多。当幼儿熟悉组成顺子的方法后，可以增加组成顺子牌的张数，继续游戏。

5. 教师建议

家长可以和幼儿一起商量组成顺子的规则，引导幼儿借助扑克牌上的数字、花色等信息来组成顺子，也可以尝试组成同花色的顺子等。

（四）玩法四

1. 投放材料

扑克牌 1 副或 2 副。

2. 游戏指向的数学核心经验

数概念，涉及数序。

3. 幼儿在数学模块中的发展轨迹

基数→序数→命名数→参照数。

4. 游戏玩法

把两种花色 1～10 的扑克牌顺序打乱，扣在桌面上，放好（图 5-6-5）。家长和幼儿每人选择一种花色轮流翻牌（图 5-6-6）。翻出的牌必须是同种花色从 1 到 10 的顺序。例如，红桃和黑桃两种花色的扑克牌 1～10。幼儿选择翻红桃，如果先翻出红桃 A，则牌保留；如果不是红桃 A 的牌，就翻回背面放好。接下来，轮到家长翻牌（图 5-6-7、图 5-6-8）。谁最先翻出自己花色的 1～10 即获胜。

图 5-6-5

图 5-6-6

5. 教师建议

建议家长在和幼儿玩翻牌游戏时，可以先用两套 1～5 的扑克牌操作。待幼儿熟悉游戏玩法后，家长可以增加牌的数量或参加游戏的人数，每人一个花色，看谁先完成同花色的扑克牌数字 1～5 或 1～10 排序。

图 5 - 6 - 7   图 5 - 6 - 8

（五）玩法五

1. 投放材料

扑克牌 3～4 副。

2. 游戏指向的数学核心经验

数运算，涉及数的分解与组合。

3. 幼儿在数学模块中的发展轨迹

数的分解与组合→数量变化。

4. 游戏玩法

家长和幼儿一起将扑克牌铺在地上，铺成迷宫的样子（幼儿可以和家长自行设计迷宫），确定起点和终点（图 5 - 6 - 9）。幼儿和家长轮流抽牌，每人抽一张。如果是同一花色，则要将两张扑克牌上的数量相加，朝前走出相应结果数量的步数（图 5 - 6 - 10）。例如，抽到一张红桃 2，一张红桃 4，则相加为 6，向前走 6 步。如不同花色，则相减，走相减后结果的步数，看谁先到达终点，即获胜。

5. 教师建议

（1）起初，幼儿计算得比较慢，家长可以尝试减小扑克牌牌面的数字，就选择 1～5 的扑克牌来抽牌，可以用剩下的扑克牌在地上摆迷宫造型。待幼儿对游戏玩法及加减运算熟悉后，可以适当增加抽牌的数量，调整到 1～10。

（2）家长可以结合幼儿的情况，尝试和幼儿重新制订向前走或向后退的游戏规则，让幼儿创新游戏规则。

图 5 - 6 - 9

图 5 - 6 - 10

（六）玩法六

1. 投放材料

扑克牌 1 副。

2. 游戏指向的数学核心经验

数概念与运算，涉及数的分解与组合。

3. 幼儿在数学模块中的发展轨迹

数的分解与组合→数量变化。

4. 游戏玩法

游戏可以是 2～4 人一起游戏。在游戏中，家长和幼儿轮流抓牌，直至扑克牌抓完，然后按顺序出牌。出牌时，大家要遵守数字大的牌能管住数字小的牌，可以出单张、对子、顺子等。当每个玩家手里都没有牌了，游戏结束。最先出完牌的玩家获胜。

5. 教师建议

（1）游戏前，先和幼儿尝试扑克牌比大小的游戏，帮助幼儿理解管牌的规则，特别是顺子的管牌规则。

（2）家长根据幼儿的实际情况，先尝试用少量的扑克牌进行游戏，再根据幼儿的熟练程度增加扑克牌的数量。

（作者：北京市海淀区富力桃园幼儿园　李　雁）

活动七 找宝藏游戏（大班空间方位）

（一）玩法一

1. 投放材料

根据家里的布局画好藏宝路线图卡若干张（图5-7-1）、各类玩具若干。

扫码看彩图5-7-1

2. 游戏指向的数学核心经验

图形与空间，涉及区分上下、前后、里外的方位，区分远近、中间、旁边的方位，以自身为中心区分左右的方位，方位语言。

3. 幼儿在数学模块中的发展轨迹

区分上下、前后、里外的方位→区分远近、中间、旁边的方位→以自身为中心区分左右的方位→方位语言。

4. 游戏玩法

家长提前藏好宝藏（玩具代替）后，取出若干张藏宝路线图卡。请幼儿随机抽取一张，递给家长。请幼儿根据家长语言描述的路线寻找宝藏（图5-7-2），如，家长说："从起点出发，向前走，向右走，再向后走，向左走……到达藏宝位置，找到宝藏。"幼儿要根据家长指令前进，直到找到宝藏（图5-7-3、图5-7-4）。

图5-7-1

图5-7-2

5. 教师建议

（1）强调游戏规则：要听清楚路线的行进方向，根据指令前进。

（2）引导幼儿在指令动作中掌握前、后、左、右等方位。

图 5-7-3

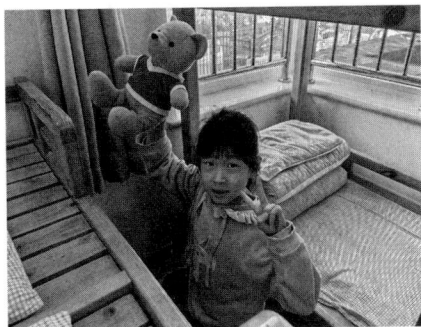

图 5-7-4

（二）玩法二

1. 投放材料

根据家里的布局画好藏宝图卡若干张、各类玩具若干、水彩笔。

2. 游戏指向的数学核心经验

图形与空间，涉及区分上下、前后、里外的方位，区分远近、中间、旁边的方位，以自身为中心区分左右的方位，方位语言。

3. 幼儿在数学模块中的发展轨迹

区分上下、前后、里外的方位→区分远近、中间、旁边的方位→以自身为中心区分左右的方位→方位语言。

4. 游戏玩法

家长提前藏好宝藏（玩具代替）后，取出若干张藏宝图卡，请幼儿随机抽取一张，并根据卡片中宝藏所在位置，画出寻宝路线图（图5-7-5）。画好后，请幼儿用语言描述路线，家长按照幼儿描述的路线前进，寻找宝物（图5-7-6），如，"从起点出发，向前走，向右走，再向后走，向左走……"直到走到藏宝位置，找到宝藏。

图 5-7-5

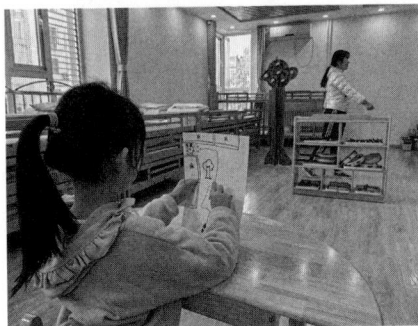

图 5-7-6

5. 教师建议

（1）强调游戏规则：学习用方位词简单地描述自己所画路线的行进方向。

（2）在游戏中发展幼儿的识图能力。

（作者：北京市海淀区富力桃园幼儿园　徐伟娜）